제5회 전국동시지방선거 실전대비

최고의 정치컨설턴트가 말하는

선거전략의 법칙

인뱅크코리아

강의교재를 집필하며..

중앙선거관리위원회에서 주최하는 선거아카데미 강의 제안을 받고 신선한 놀라움에 빠졌다. 경기대학교 정치대학원 정치아카데미를 비롯하여 여러 사설 선거아카데미 강의를 했었지만 국가기관인 중앙선거관리위원회에서 직접 선거아카데미를 주최한다고 하니 그런 것이다.

더구나 이번 중앙선거관리위원회에서 주최하는 선거아카데미는 그 대상지가 대한민국 전체이며, 입후보자 및 입후보대상자 · 선거사무원 및 선거사무예정자 · 교육위원과 교육감 후보를 모두 총 망라하는 약 14,000여명을 대상으로 하는 엄청난 교육 프로젝트다.

사실 일반인들이야 이해가 안될지 모르지만 불법선거를 단속하는 선관위에서 선거아카데미 강의를 통해 오히려 정책선거문화를 가르치겠다고 팔걷어 부친 것이니 발상의 전환 아닌가 말이다. 이러한 역발상에 의한 중앙선거관리위원회의 판단은 매우 놀라운 것이다. 적어도 공무원 세계에서는 말이다.

물론 필자의 사견으로서는 이 프로젝트를 위해 중앙선거관리위원회에서도 많은 고민을 했을 것이다. 하지만 우려와 걱정을 뒤로한 채 정책선거문화 확보라는 대의를 위해 과감히 뛰어든 중앙선거관리위원회 관계자 여러분께 박수를 보내고 싶다.

사실 선거아카데미는 선거철이면 지방언론사나 정치대학원을 중심으로 하여 개설되는 경향이 많은데 장점도 있지만 단점도 있었던 것이 사실이다. 이러한 단점을 보완하고 정책 중심의 선거문화를 선도하기 위해 중앙선거관리위원회가 직접 나섰다는 것은 고정관념을 깬 모험이자 도전인 셈이다.

더구나 "무엇 무엇은 하지 말라"는 계몽에서 "무엇 무엇은 해도 좋다"는 발상의 전환은 과거 후보자와 선관위의 쫓고 쫓기는 관계에서 선거문화를 함께 선도해 나가는 동반자적 관계로 변화하자는 것이다. 필자가 보건데 전자보다는 후자의 선택이 맞다. 후보자와 선거관리위원회는 견제하는 관계가 아니라 상호 협조하는 동반자적 관계가 맞다는 말이다.

또한 이 때문에 필자를 포함한 여러 유명 정치컨설턴트들이 선관위에 와서 면담을 한 것으로 알고 있다. 그 중에서 필자가 전임교수로 선발되었다는 것 자체도 영광이지만 그렇기에 어깨가 더 무겁다.

중앙선거관리위원회에서는 후보자 또는 선거관계자들의 Needs를 최대한 반영하여, 일반 정치아카데미 보다 더 수준높은 강의를 요청했다. 이번 선거아카데미 강의를 통해서 실전선거란 무엇이며 어떻게 선거를 준비해야 하고 어떻게 치루어 나가야 하는지에 대해 강의하도록 한 것이다. 비록 3시간에 지나지 않은 짧은 강의지만 그 속에서 필사의 모든 혼을 쏟아내는 강의를 약속드리겠다. 대한민국 그 어떤 아카데미보다 실전적이고 효율적이며 준법선거를 통해서 당선할 수 있는 전략 강의를 펼치겠다. 하지만 예시의 활용등을 통해 이해를 충족시키는데는 아카데미의 성격상 생생한 이야기는 가급적 자제할 수 밖에 없음을 혜량해 주시기 바란다.

또한, 3시간으로 한정된 시간내에 모든 강의를 모두 마칠 수 없다는 불가피한 현실 때문에 교재를 통해 부족한 부분에 대해 설명할 것이니 이 한권의 책이 당선으로 가는 좋은 길잡이가 되었으면 하는 바램이다

필자는 중앙선거관리위원회의 이번 선거아카데미의 취지에 공감하며 실전선거기법을 통해 최선의 강의를 이끌고자 한권의 책을 집필하기로 하였다. 다소 예시의 한계는 있으나 이 한권만으로도 선거를 치룰수 있도록 가급적 모든 전략을 집대성해 놓으려고 노력을 기울였다.

뿐만아니라 정치신인이나 일반인들 조차도 이해하기 쉽도록 가급적 어려운 용어나 학술적 용어가 아닌 평이하고 쉬운 용어를 선택하여 이해를 도모했으며, 이론에 집착하기 보다는 실전에 맞는 전략과 선거실무를 중심으로 하여 집필했다.

또한, 필자가 집필한 이 한 권의 책은 중앙선거관리위원회와 관계없는 필자의 개인 출판물이며 사전 협의없는 개인적 견해와 고찰임을 밝혀둔다. 다시말해 다소 표현상의 직설적 설명이나 예시의 활용 역시 중앙선거관리위원회와 관계없는 필자의 주관적 견해이고 저작권 역시 필자에게 있음을 알려드린다.

마지막으로 이러한 강의를 할 수 있도록 배려해 주신 중앙선거관리위원회 선거아카데미 운영팀 임직원 여러분께 감사의 말씀을 드리며, 이 책의 집필을 빠른 시일내 마칠 수 있도록 도와주신 최요한 교수님과 황근한 교수님, 그리고 밤새도록 디자인 등 교정 작업을 해준 박길숙 팀장에게도 감사드린다. 그리고 내 사랑하는 예림이 채림이 유림이 세 딸에게 이 한권의 책을 바친다.

2010년 1월

정치컨설턴트 이재술

목차

제5장 선거홍보 "전략의 기술"

제6장 효과적인 선거홍보물 제작기법

제7장 승리를 위한 캠페인전략

제8장 후보자의 행동지침

부 록

제 1 장

선거의 묘수

1. 악수를 두지 않는다.
2. 상대의 악수가 나에게는 묘수가 된다.
3. 최고의 악수는 선거법 위반.

나의 악수가
상대에게는 묘수가 된다

제1장 선거의 묘수

필자는 대한민국의 정치컨설턴트다. 수많은 선거판에서 싸웠고 양지보다는 음지에서 더 유명세를 떨쳤다. 이 때문인지 필자에게는 자주 정치인이나 후보자들이 찾아온다.

필자를 찾아오는 대부분의 사람들은 암묵적이긴 하지만 묘수 하나를 내어달라는 기대심리를 가지고 온다. 특히, 선거 후보자나 선거아카데미 수강생이라면 더욱 그럴 것이다.

하지만 선거의 묘수는 그리 멀리있지도 않고 당선으로 가는 길도 의외로 간단하다. 열심히 발로 뛰면 되고, 유권자에게 인정 받으면 되고, 정책을 열심히 연구하고 국민을 위해 항상 헌신 봉사하면 된다. 이러한 방법론은 이미 후보자들은 다 알고 있다. 하지만 가장 큰 문제는 실천일 것인데, 평상시에 이러한 일을 실천하는 정치후보자가 거의 없다는데 문제가 있다. 그래서 노력과 희생의 댓가도 치루지 않고 쉬운 길로 가려고 하다보니 묘수에 대한 욕구가 강해지는 것이다. 특히 투표일이 다가오면 다가 올수록 그러한 Needs는 더우더 강해진다. 그래서 선거철이면 인지도를 올리겠다고 되지도 않는 불법 ARS여론조사를 하다가 선관위에 고발되고 선거법 위반으로 후보자의 지위를 박탈당하는 것 아닌가 말이다.

그만큼 후보자들은 묘수 심리에 목말라하고 있다. 특히 인지도가 낮은 후보라면 더욱 그러할 것이다. 물론 몇몇의 후보자들은 모든 자질을 갖추었음에도 불구하고 만만치 않은 상대를 만나 구도 문제로 찾아오는 경우가 있지만 사실상 그런 후보라면 굳이 묘수 따위는 필요조차 없다. 평상시 열심히 한 후보자는 선거때 그 진실성만 담으면 되기 때문이다.

선거에서의 묘수! 그런 것이 있을까?

필자의 경험으로 본다면 분명히 선거에는 묘수가 있다. 하지만 후보자들이 필자에게 마치 개그콘서트를 보면서 '한번 웃겨봐라' 라는 생각을 하면서 묻는다면 필자는 그냥 웃어버린다. 다시말해 웃을 준비가 되어 있지 않은 사람을 상대로 웃기기는 참으로 힘들기 때문이다. 따라서, 우리는 개그콘서트를 보면서 '한번 웃겨봐라' 가 아니라 '한번 웃어보자' 라는 생각으로 봐야 옳다. 그러한 마음 가짐을 가지고 이 책을 읽는다면 선거의 묘수가 반드시 보일 것이다. 하지만 '선거의 묘수' 는 대부분 아는 이야기이다. 다만 그 소중함을 모를 뿐이다.

선거에 묘수는 있다. 필승전략도 있다. 하지만 대부분의 후보자들 눈에만 보이지 않는 이유는 선거를 너무 어렵고, 너무 복잡하게 생각하기 때문이다. 그러나 묘수와 필승전략은 단언컨대 멀리있는 것이 아니라 항상 가까운 곳에 있다. 그것은 대중의 단순성 때문이며, 그 단순성 속에 대부분의 묘수가 숨어 있다.

대부분의 후보자들은 묘수를 선거전략에서 찾으려 하지만 필자는 후보자나 캠프의 마음 자세에서 찾으려고 한다. 물론 선거전략에도 묘수는 존재한다. 그러나 그 묘수에 집착하다 보면 뜻밖의 악수를 두게 되는 경우가 종종 있고 묘수에 의한 당선보다는 악수에 의한 낙선이 더 많다. 그렇기 때문에 묘수에 집착하지 않는 것이 때로는 묘수가 된다.

선거를 노린 업자들을 보면 이러한 후보자의 묘수심리를 이용하여 돈을 벌고자 하는 이들이 상당히 많다. 그러나 대부분 검증되지 않은 것들이 많고 필자가 봐도 웃음밖에 나오지 않는 말도 안되는 묘수가 많다.

그래서 일반적으로는 묘수에 집착하기 보다는 내실을 다지는 것이 옳다. 내실을 다지는 것이 묘수가 되기 때문이다. 묘수에 집착하나 보면 후보지는 발로 뛰는 선거가 아닌 머리만 쓰는 선거로 선회하게 되어 책상 앞에만 앉아 있게 된다. 이러한 현상은 참모에게 영향이 미쳐 참모들 조차 머리만 쓰려고 한다. 선거의 기본은 머리로 하는 게임이 아니라 발로 뛰는 게임이라는 것이다. 축구에서 제 아무리 뛰어난 전략도 선수가 안뛰면 이미 끝난 것과 같은 이치다.

선서의 묘수에는 정석편과 응용편이 있는데 여기서는 정석편을 가지고 논해보고자 한다. 응용편의 경우에는 오히려 기술적 요소를 설명하면서 추가로 다루도록 하겠다.

1. 악수를 두지 않는다

선거에 있어서 진정한 묘수란 그 첫 번째가 악수를 두지 않는데 있다.

필자가 만나본 대부분의 정치 후보자들은 묘수심리에 빠져있고 정치컨설턴트의 얄팍한 묘수 몇가지에 쉽사리 잘도 속는다. 후보자가 선거를 앞두고 정치컨설턴트의 조언을 받는 것도 묘수심리에 푹 빠져있기 때문 아닌가 말이다.

솔직하게 정치컨설턴트나 정치 후보자들에게 묻고 싶나. 묘수로 당선된 사람이 과연 몇이나 되는지를... 하지만 악수를 두어 낙선한 후보자들은 언론을 통해 심심치 않게 우리는 접할 수 있다. 무엇이 묘수인가? 묘수, 묘수하다가 악수를 두는게 묘수인가? 단언컨데 아니다. 최고의 묘수는 무엇이 악수인지 구별하는데 있다.

필자는 바둑을 꽤나 좋아하는 편이다. 그래서 가끔 바둑TV를 시청하는데 이창호 9단이 인터뷰에 나온적이 있다. 그 인터뷰에서 기자가 이창호 9단의 묘수에 대해 다음과 같이 질문했다.

"이창호 9단하면 묘수가 생각나는데 이창호 9단은 어떻게 그렇게 묘수를 잘두십니까?"

이창호 9단은 이러한 기자들의 질문에 아래와 같이 답했다.

"저는 바둑을 두며 묘수를 생각하지 않습니다. 저는 악수를 두지 않기 위해 최선을 다 할 뿐입니다."

그렇다. 사람들은 이창호 9단을 보며 묘수, 묘수 하지만 정작 이창호 9단은 묘수에 집착한 것이 아니라 악수를 두지 않기위해 사력을 다했을 뿐이다. 세상에 존재하는 묘수도 결국은 노력한 자의 것이지 어느날 갑자기 하늘에서 날벼락처럼 떨어지는 것이 아니다.

나름대로의 묘수에 의해 당선된 사례도 있겠지만, 오히려 악수에 의해 낙선되거나 당선 무효가 된 경우가 더 많다. 나는 정치인이나 후보자에게 말하고 싶다. 선거에 있어서 묘수에 집착하지 말라.

2. 상대의 악수가 나에게는 묘수가 된다

필자의 경험으로는 어떤 후보든 한 두번의 악수는 두게 마련이다. 전문가가 깊게 개입한 선거가 아니라면 말이다. 선거에 있어서 상대의 악수는 곧 나에게 있어서 묘수가 된다. 이를 반대로 말하면 나의 악수는 상대에게 있어서 묘수가 된다는 말이다.

즉, 선거의 묘수 두 번째는 상대의 악수를 노리는데 있다. 어떤 전략을 새로 짜내는 것 보다 상대가 악수를 두면 그 악수 자체가 전략이 된다. 그렇기 때문에 묘수보다는 악수를 피해야 한다. 한번의 악수는 상대에게 있어서 진짜 묘수가 되기 때문이다. 어설픈 선거전략은 차라리 아니 쓴만 못하다.

3. 최고의 악수는 선거법 위반

대부분의 후보자들은 매우 똑똑하고, 매우 유능하며, 뛰어난 기획력과 리더십을 가진 분들이 많다. 그럼에도 불구하고 왜 악수를 두는 것인가? 후보자들이 뛰어난 사람이라는 공통점도 있지만, '당선이 될까' 라는 불안심리를 가졌다는 공통점도 있다. 그 불안심리 때문에 대부분 악수를 두게 된다.

필자는 무엇이 악수이고 무엇이 묘수인지 모른다면 선거의 절반은 실패했다고 본다. 최소한 선거 참모라면 무엇이 악수인지를 분명히 가릴줄 알아야 한다. 더구나 선거법 위반이라면 이는 선관위에 전화 한통으로도 위반여부를 단번에 확인 할 수 있으니 이를 몰랐다는 것은 용서받을 수 없는 악수가 된다.

단언컨대 선거에서의 가장 큰 악수는 불법선거이다. 밥사고 술사는 선거방식은 이제 끝났다. 그래도 악수에 대해 잘 모르신다면 선관위에 가서 물어보면 다 가르쳐준다.
후보자들이 필자를 찾아와 대부분 하는 말은 이렇다.

"선거법을 다 지켜가면서 선거를 치루자면 할게 별로 없다"
정말 그럴까? 필자의 사견으로서는 이해는 가지만 옳은 말은 아니다. 발로 안뛰려고 하면 할게 별로 없지만 발로 뛸 각오가 되어 있다면 할게 더 많다. 머리만 써가며 쉽게 하려고 하니 할게 더 없어 보이는 것은 아닐까?

묘수의 첫 번째 원칙은 선관위에서 하지 말라고 하는 것은 안하면 되고, 묘수의 두 번째 원칙은 선관위에서 해도 된다는건 무조건 다하면 된다. 이것이 묘수의 기본 원칙이다.

선거에서의 진정한 묘수는 선거법을 준수한 과학적이고 체계적인 득표전략에 있다고 본다. 그중에 제일 권고하고 싶은 묘수가 있다면 평상시 유권자에게 발로 뛰는 모습을 보여주는 것이다.

조지 부시 미국대통령(공화당)을 당선시킨 선거참모 칼 로브(Rove)나 1996년 클린턴 대통령(민주당)을 당선시킨 딕 모리스(Morris) 조차도 합법적인 방법으로서의 득표 전략을 구상했다. 그 어디에도 금권선거는 없다.

최근 선관위에서 적발한 고발 수사의뢰 단속실적을 보면 4회 지방선거때 불법선거에 대한 비율이 3회 지방선거때 보다 무려 60%가 증가했는데 안타깝고 부끄러운 현실이다.

또한, 묘수로 당선된 사람보다 위 표에서처럼 불법선거 때문에 당선무효 등 처벌을 받은 사람이 더 많은 것이 현실이니 더 안타깝다. 후보자들이 생각하고 있는 불법선거의 유형과 방법에 대해 이미 선관위에서도 다알고 있으니 통계자료와 같이 적발건수가 증가한 것도 이 때문이고 향후 선거에서의 적발건수가 더욱더 증가할 것으로 예상되는 것도 선거사범에 대한 수사기법이 날로 발전하기 때문인 것으로 생각된다. 따라서, 불안한 불법선거 방식 보다는 안전한 합법적 선거운동 방식을 선택하는 것이 좋다.

[표 1] 고발수사의뢰 건수 대비 단속실적 (선거기간개시일전 30일 기준)

구 분	제3회 지방선거	제4회 지방선거	제3회 지방선거 대비증감	
			건 수	비 율(%)
계	260	417	157	60.4
금품음식물제공	176	271	95	△50.4
비방흑색선전	8	5	△3	△37.5
유사기관사조직	2	8	6	300.0
공무원 선거 개입		9	9	900.0
불법시설물 설치	1	3	2	200.0
불법인쇄물 배부	46	51	5	10.9
의정활동 관련				
정당활동 관련	2	4	2	100.0
집회모임이용	3	1	△2	△66.7
사이버 이용	5	15	10	200.0
선거관리 침해	3	4	1	33.3
기 타	14	46	32	228.6

제2장

승리의 비결 "이유있는 승리"

1. 死卽生이 이긴다.
2. 긴장하는 쪽이 이긴다.
3. 발로 뛰는 자가 이긴다.
4. 현명한 자가 이긴다.
5. 전략을 가진 자가 이긴다.

발로 뛰는 것보다
더 훌륭한 전략은 없다

제2장 승리의 비결 “이유있는 승리”

승리한 자에게는 그 이유가 있다. 다시말해 아무 이유없이 당선된 사람은 없다는 말이다. 그 때문에 정치컨설턴트들은 승리한 자에게 존재하는 공통적 가치에 대해 연구한다. 물론 저마다 평가가 조금씩 다르겠지만 총론으로 돌아오면 대부분 같은 이야기를 한다. 따라서 승리를 원하는 후보자라면 승리한 자에게 공통적으로 존재하는 “이유있는 승리”를 배워야 한다. 그것만 잘 배운다 해도 성공의 절반은 이룬 셈이기 때문이다.

필자는 많은 정치인을 만났다. TV에 오르내리는 대통령 후보에서부터 장 · 차관을 비롯해 국회의원 기초단체장 기초의원 등 다양하다. 어디 그뿐이겠는가? 가끔씩 정치에 꿈을 꾸고 있는 정외과 학생들까지 찾아오니 말이다. 그런데 이들이 정치컨설턴트인 내게 찾아와 자주 묻는 질문이 “승리의 비결”이다.

최근에는 기자들도 필자를 찾아와 이러한 질문을 하곤 한다. 필자가 전쟁터에서 살아 돌아온 지역을 면밀히 분석해 보면 투표일이 며칠 남아있지도 않은 상황이었는데 10% 이상이 뒤집혔다는 것이다. 도대체 어떤 마술을 부렸기에 승리할 수 있었던 것인지 그 비결에 대해 묻는 인터뷰다.

이러한 궁금증은 한겨레21이나 뉴스메이커 등을 통해 일부 소개되기도 했는데 뒤집기 10%는 분명 우연이 아니다. 여기에는 공통적인 “승리의 비결”이 숨어 있기 때문이다.

선거에서는 뒤집을 수 있는 한계 수치는 통상 3%로 보는 것이 일반적이지만 필자는 지금도 10% 지지도의 벽은 쉽게 허물어 질 수도, 허물 수도 있다고 자신한다. 선거에서의 10%의 벽은 정말 거대한 장애물이다. 그러나 두려워 할 것은 아니다. 실제로 20%이상의 벽도 넘어 봤기 때문이다.

그러나 이러한 벽을 넘기 위해서는 후보자와 참모들의 체력이 뒷받침 되어야 한다. 남들이 불가능하다는 선거에서 이긴 것도 그 후보와 참모들의 체력이 강했기 때문에 성공한 것이지 전략과 전술만으로는 불가능한 이야기다. 아무리 좋은 전략도 아무리 좋은 치료제도 환자가 그 약을 이겨낼 체력이 존재하지 않는다면 백약이 무효다. 결국 필자가 이긴 것이 아니라 이길만 하니까 이긴 것이다.

2006년 전국동시지방선거를 앞두고 경기대학교 정치대학원 정치아카데미에서 실전선거기법이라는 주제로 "승리의 비결"에 대해 강의한 바 있다. 그런데 의외로 수강생들은 "승리의 비결"을 시큰둥하게 들었다. 필자는 강의를 하며 "아.. 이것보다 중요한 것은 없는데.."라고 생각했는데 아마도 수강생들은 엄청난 전략 전술을 기대했던 것 같다.

아무튼 그 날 강의에서 시큰둥한 표정을 없애기 위해 "선거의 기술"에 해당하는 것을 강의했더니 역시 수강생들은 커다란 눈을 뜨고 집중하게 됐다. 정석보다 기교에만 매달리는 것은 바람직하지 않다. 기교는 그저 기교일 뿐이며 기교만으로 지는 선거를 이길 수는 없다.

필자는 후보자들의 "묘수심리"를 잘 안다. 많은 정치광고 회사에서 무슨 당선기법이니 당선 노하우니 하는 되지도 않는 말로 후보자들을 현혹하는 것도 그 "묘수심리"를 이용한 것임도 안다. 또한 일부는 불법선거도 묵인한채 후보자들의 "묘수심리"를 이용해 돈을 버는 업체도 있다. 하지만 이런 말도 안되는 이론에 후보자들은 잘도 현혹되고 속는다. 아무리 최고 학부를 나온 후보자들이라 해도 조급한 마음은 어쩔 수 없나 보다.

하지만 필자가 경험한 승리한 자들의 공통점은 그러한 전략이나 전술 또는 불법적 사술과는 전혀 관계없는 것들이다. 오히려 진심과 진정성이 묻어나오고 누가 보더라도 대단하다는 말이 절로 나오는 사람들이다. 그 때문에 후보자의 진실성을 참모가 알아주고 유권자들이 믿어준 것이다. 이러한 승리한 자들의 공통점은 대체적으로 5가지로 나눌 수 있는데 이 5가지만 지켜도 절반은 이미 승리한 것과 같다고 확신한다.

그 당시 강의했던 "승리의 비결"에 대해 다시 논해보도록 하겠다.

1. 死卽生이 이긴다

필자는 선거와 전쟁이 별반 다를바 없다는 이야기를 자주하는 편이다. 조금 무시무시한 대조인지는 몰라도 사실 선거와 전쟁은 크게 다르지 않다는게 평소 생각이다. 그 이유는 첫 번째가 선거와 전쟁에는 2등이 존재하지 않는다는데 있다. 2등은 곧 패배요 선거의 끝이다. 또한, 그 전략과 전술의 사용에 있어서 손자병법과 같은 고대 전략서와 현재의 선거전략이 크게 다르지 않다는데 두 번째 이유가 있다.

아무튼 선거를 이러한 전쟁론적 관점으로 본다면 사즉생(死卽生)이야 말로 선거에서의 가장 큰 무기가 된다.

이순신 장군은 필생즉사 사필즉생(必生卽死 死必卽生)이라 하여 "싸움에 있어 죽고자 하면 반드시 살고, 살고자 하면 죽는다"고 하였다. 이는 13척의 배로 왜선 133척과 싸워야 하는 전장에서 장수들의 전투의지 분발과 '결사구국' 의 각오를 나타낸 말씀이다. 또한, 이순신 장군은 '너희 장수들은 살려는 생각을 하지마라. 명령을 조금이라도 어긴다면 군법으로 처단할 것이다' 하여 장수들부터 스스로 목숨을 걸고 싸우도록 하였다. 결국 이러한 이순신 장군의 사즉생(死卽生) 정신은 명량해전을 대승으로 이끈 중심이 된다.

또한, 손자병법에 있어서도 "용감한 장수아래 약한 병사는 없다"라는 말이 있는데 이는 군사들이 전투에 임하는 각오와 사기가 전쟁에 있어서 얼마나 중요한지를 말해주는 대목이다.

그런데 선거에 있어서도 후보자 및 선거참모, 그리고 선거운동원들의 사기가 실전선거에서도 매우 중요한 역할을 한다. 아무리 지지도가 떨어져 있는 후보라 할지라도 이기겠다는 각오와 사기가 가득하다면 그 후보는 쉽게 패하지 않는다. 필자가 불가능하다고 했던 선거전에서 이긴 이유도 바로 여기에 있다.

장군이 목숨을 걸지 않으면 장수들도 목숨을 걸지 않는다. 하물며 장수가 목숨을 걸지 않는데 병사가 목숨을 걸 일이 없다. 장군이 목숨을 아까워하면 장수가 퇴로를 생각하고, 병사들은 전쟁을 무서워하게 된다.

이는 선거에 있어서도 후보자가 나약하면 선거참모들은 자신감을 상실하게 되고 선거운동원은 선거운동을 겉돌기처럼 하게 된다. 적당히 시간을 채우고 선거사무원 인건비만 받으면 그만이라는 생각이 앞서게 되는 것이다. 그리고 그 선거는 어떠한 전략과 전술을 쓴다해도 이길 수 없다.

실제로 17대 총선에서 투표일을 열흘 앞두고도 10%이상 뒤지고 있던 A후보는 참모들 앞에서 "거꾸로 물구나무를 서더라도 국회로 가겠다"는 확신에 찬 이야기를 자주했었다. 또한, 그는 '전쟁에서 진 장수는 용서할 수 있지만, 자기 자신에게 진 장수는 용납지 않겠다' 며 의지를 불태웠고 참모들과 함께 식사를 하면서도 10%이상 지고 있다는 보고에 눈하나 깜빡이지 않았다. 그리고는 소머리국밥 특대를 주문하며 참모들에게 "더 먹어. 먹어야 싸울 것 아니야. 그것 먹고 힘 쓰겠어? 많이 먹고 싸우자고... 어이 이실장 남자가 말이야 전쟁터에서 싸우려면 배가 든든해야 싸우지. 더 먹어. 그리고 우리는 이겨!" 필자는 지금도 그 말을 잊지 않고 있다. 아마도 그 말이 그를 승리로 이끈 원인이 되지는 않았을까 싶다.

후보자 자신이 가진 승리에 대한 신념과 확신이 무너지면 선거참모는 선거 중에도 떠날 준비를 하게 되고, 선거운동원은 일당쟁이로 전락하게 되어 전의를 상실하게 된다. 후보자가 가진 신념과 행동은 그 무엇보다 중요한 무기가 되며, 승리의 비결은 그의 신념에 찬 행동에 담겨져 있다.

필자가 승리한 언론의 기사들은 전략에 대한 일부일 뿐 사실 그 승리의 주역은 내가 아닌 그들에게 있다. 그들의 숨어있던 힘이 존재하지 않았다면 아무리 좋은 전략도 휴지조각에 불과했을 것이다.

2. 긴장하는 쪽이 이긴다

전투에서 가장 중요한 것은 긴장(緊張)이다. 실제 전투에서도 방심을 하다가 적에게 역공을 받아 섬멸되는 경우가 많다. 이러한 전투에서의 긴장감은 선거에서도 함께 준용된다. 제아무리 지지도가 높은 후보자라 하더라도 긴장감을 늦추는 순간 역공이 가능하기 때문이다.

유권자는 의외로 단순하다. 정치에 관심이 없기 때문이기도 하지만 근본적으로는 대중의 단순성 때문이다. 또한, 이러한 대중의 단순성으로 인해 어떠한 사소한 문제를 가지고도 쉽게 분노하며 쉽게 잊어버리는 경향이 있다. 다시말해 상대후보가 긴장감을 잃는 순간 작은 빈틈을 가지고 공격하게 되고 긴장감을 잃은 후보는 빠른 대응을 못하게 된다. 이는 삽시간에 여론을 형성하여 곤경에 빠뜨리게 되는데 손자병법서에 나오는 풍림화산(風林火山 / 바람처럼 빠르게 숲처럼 고요하게, 불처럼 기세있게 산처럼 침착하게) 전략과 같다.

실제 이러한 긴장감은 실전에서 얼마나 중요한 것일까? 필자는 수백번의 전투를 치루며 긴장하지 않는 후보가 이긴적을 별로 본 적이 없다.

제16대 대선에서 투표를 하루 앞두고 한나라당 이회창 후보측 캠프는 이미 승리를 낙관했었다. 국내 여러 여론조사며 미국측 조사결과며 자신들이 승리할 것을 굳게 믿고 있었기 때문이다. 하지만 투표일을 하루 앞두고 정몽준 후보의 지지철회 사건이 발생하는데, 당시 TV 자료화면을 보면 이회창 후보 캠프에서 이 소식을 접하며 즐거워하는 장면이 나온다. 결국 이 사건으로 이회창 후보 캠프의 긴장감이 급격히 떨어지게 되고 상대적으로 노무현 후보 캠프의 긴강감은 고조되게 된다.

결론적으로 노무현 후보를 지지했던 대학생들을 중심으로 문자메시지를 통한 지지세력 결집이 이루어지게 되는데 그 절박한 캠프의 긴장감은 바이러스캠페인 효과를 발생시켜 득표로 이어지게 된다. 이렇듯 후보자나 캠프의 긴장감은 매우 중요하다. 잠시 긴장을 놓치는 순간 그 역공으로부터 속수무책으로 당하게 되기 때문이다.

필자는 긴장감을 상실하여 패배한 많은 후보자들을 봐왔다. 매사 하루하루를 세상의 마지막인 것처럼 최선을 다하고 늘 긴장하는 쪽이 승리하기 마련이다. 전투에 있어서 자만은 상대후보 보다 더 무서운 적이다.

3. 발로 뛰는 자가 이긴다

선거전략가들 사이에서는 "발로 뛰는 것보다 더 훌륭한 전략은 없다"라는 말을 자주한다. 제아무리 훌륭한 전략이라고 해도 두 발로 뛰는 후보자를 이길 수 없다는 말이다. 오늘날의 유권자들은 바보가 아니다. 누가 열심히 뛰고 누가 열심히 뛰지 않는지를 안다. 왜냐하면 선거때만 뛰는 사람은 그 사람만 뛰는게 아니라 모든 후보자들이 모두 뛰기 때문에 유권자들은 그 진정성을 믿어주지 않는다. 평상시에 뚜벅뚜벅 걷는 사람을 유권자는 이미 안다는 뜻이다.

필자가 강의를 하면서 매번 느끼는 것이지만 정석편에 해당하는 이야기를 하면 후보자들은 졸거나 무관심하게 경청하는 경향이 있다. 하지만 선거전략의 기교편을 강의하면 눈이 커다랗게 변한다.

그러나 정석도 모르면서 편법을 배운다면 그것은 사술(邪術)에 불과하다. 묘수도 결국은 정석을 알아야 알 수 있다. 정석도 모르는 이가 과연 묘수를 생각해 낼 수 있을까! 설령 묘수의 수순 몇 개를 외운다 해도 상대의 응수타진이 외워둔 수순과 맞지 않는다면 그 묘수는 더 이상 묘수가 아니라 악수가 된다. 이렇듯 선거에도 정석이 있다.

선거의 전략중에는 '관계성의 법칙'이라는 말이 있는데 이것 역시 발로 뛰는 자가 승리한다는 지론이다. 후보자가 발로 뛸 생각은 안하고 효율적 선거기법이라는 미명하에 기교에만 신경쓴다면 그 전략은 대부분 실패하게 된다.

특히 정치신인일수록 인지도를 올리겠다며 ARS여론조사를 활용하는 사례가 많은데 이는 결코 바람직스럽지 않다. 인지도란 두발로 뛰며 땀흘려 얻는 것이지 인위적으로 얻은 인지도는 사상누각(沙上樓閣)에 불과하다.

정치인은 자기 자신이 상품이다. 그런데 소비자에게 직접 다가가 팔 생각은 하지 않고 대량판매를 하겠다며 사술(邪術)을 쓴다. 하지만 고가의 제품을 사야하는 유권자의 입장에서는 직접 본 적도 없고 들은 적도 없는 무명 제품을 사고 싶어하지 않는다. 제아무리 광고를 해봐도 직접 보지않은 것을 믿어줄리 없다.

다시말해 상품 자체를 소비자에게 직접 보여주고 마케팅하는 것이 가장 효율적이라는 말이다. 또한 기왕에 소비자를 만나 마케팅 할 것이라면 상품을 소비자가 직접 써볼 수 있도록 해야 한다. 이때 소비자의 평론을 받아두면 더 좋다. 이러한 소비자의 평론은 구전이든 인터넷 매체이든 간에 순식간에 소문이 나기 마련이고 제품의 품질평이 좋으면 소비자에게 잘 팔리는 상품이 된다.

상품은 상품의 품질로 승부해야지 남의 상품을 흠집내서 많이 팔겠다고 하면 그것은 비도덕적인 상행위에 해당한다. 우선 자신의 상품부터 잘 만들고 Before service는 물론 After service에 이르기 까지 찾아가는 서비스망을 구축하여 소비자에게 신뢰감을 주는 기업이 되면 성공한다. 즉, 발로 뛰는 후보자가 되어야 한다는 말이다.

실제로 필자가 아는 정치인 중에 정말 특이한 구의원이 한명 있다. 그는

2006년 지방선거에서 무소속으로 나와 당선된바 있는데 과거 자신의 지역구였던 지역에서 그 지지도가 무려 60%를 넘었으며 인지도가 70%에 육박했다. 통상 초선 국회의원의 인지도가 40~50%인 점을 감안한다면 일개 구의원이라고 하기에는 상상이 안되는 높은 수치이다.

그도 그럴것이 그는 지난 4년간 단하루도 빠짐없이 새벽4시를 시작으로 하여 새벽녘 교통정리 봉사를 하고, 길거리에 방치된 쓰레기를 자기 손으로 치우는가 하면, 민원이 있는 곳에는 늘 그가 있었다. 그의 평소 부지런하고 습관화된 구민에 대한 봉사는 유권자의 마음을 움직였으며 그를 무소속으로 당선시키게 된다. 당시 후보자 정보 공개자료에 따르면 그와 배우자의 전재산은 1,700만원이 고작이었다. 다시말해 유권자의 마음을 사는 것은 돈이 아니라 마음인 것이다.

아무튼 그 후보자의 캐치프레이즈는 "○○○(지역구)을 천바퀴 돌겠습니다!"였는데 필자가 듣기로는 평상시에도 정말 1,000바퀴를 돌며 유권자를 만났다고 한다. 그러니 정당공천을 받은 사람들이나 다른 후보자들이나 그 어떤 전략도 그에게는 먹히지 않았던 것이다. 그는 오늘도 민원이 있는 곳이라면 두 발로 뛴다고 한다. 그의 두 발과 땀이 그의 힘이다.

4. 현명한 자가 이긴다

나는 종종 후보자의 성향을 둘로 나눌때가 있다. '똑똑한 자와 현명한 자'가 그것이다. 그렇다면 왜 필자는 두가지의 성향으로 나눌까. 그것은 실전에 있어서 현명한 자가 승리하기 때문이다. 대부분의 똑똑한 사람은 자기 자신의 지식을 바탕으로 행동하지만 현명한 사람은 똑똑한 여러사람의 이야기를 듣고 행동한다.

사실 똑똑하면서 현명하다면 얼마나 좋겠는가만은 현실적으로는 이 두가지를 모두 가지고 있는 사람은 그리 흔치 않다. 대기업을 이룬 사람중에서도 마찬가지인데 똑똑한 사람보다는 현명한 사람이 많고 대부분의 똑똑한 사람들은 현명한 사람 밑에서 일하는 경우가 더 많다는 사실이다.

현대라는 기업을 이룬 정주영 회장도 똑똑한 사람이라고 하기 보다는 현명한 사람에 가깝고 삼성그룹을 이끈 이병철 회장도 같다. 그들 대부분의 공통점을 똑똑하다기 보다 현명하다는 것이고 똑똑한 사람을 거느리면 된다는 사고를 가진 사람들이다.

다시말해 선거에서도 승리하기 위해서는 똑똑하기 보다는 현명한 것이 옳다는 말이 된다. 자기 자신이 똑똑하다고 생각하면 아랫사람의 이야기를 경청하지 않고 자기 자신만의 논리속에 갖혀 더 넓은 세상을 보지 못하는 경우가 많기 때문이다. 또한, 똑똑한 사람의 특성은 고통을 인지하면 아무것도 안하는 경우가 많지만 현명한 사람은 그 고통을 참고 견디며 나간다는 것이다.

이는 선거에 있어서도 비슷하게 적용되는 사례가 있는데 똑똑한 사람은 참모들의 이야기를 경청하기 보다는 지시하는 사람이 되고, 현명한 사람은 지시하기 보다는 경청하는 사람이 되기 때문이다.

대부분의 선거에서 후보자 자신의 생각보다는 참모들의 생각이 더 옳을 때가 많고 참모들의 생각보다는 정치컨설턴트의 판단이 옳을 때가 더 많다. 하지만 똑똑한 후보자일수록 듣기보다는 말하기를 좋아하고 현명한 후보자일수록 말하기 보다는 듣기를 더 좋아한다.

참모의 중용 역시 똑똑한 후보자와 현명한 후보자에는 그 차이가 있는데 똑똑한 후보자는 똑똑한 참모를 선호하여 중용하는 경향이 많고, 현명한 후보자는 참모가 다소 부족한 면이 있더라고 역할에 맞는 참모를 선정하는 특징이 있다.

똑똑한 후보자일수록 선거기획에서 전략, 실행에 이르기까지 직접 지휘를 하는 경우가 많고 현명한 후보자일수록 하부위임을 통해 자신은 선거운동에만 집중한다. 이러한 선거 인사방법 및 운영방안의 차이는 실제 전투력에서도 그 차이를 확연히 나타낼 뿐만 아니라 후보자가 똑똑하면 참모들은 더 이상 아이디어를 후보자 앞에서 꺼내 놓지 못하는 결과를 만든다. 이는 결과적으로 참모들의 사기를 저하시키고 주눅들게 하여 전투력을 감소시키는 원인이 된다.

어디 이뿐만이겠는가! 똑똑한 후보는 상대후보를 무시하는 경향이 많아 방심하기 일쑤이고 이러한 방심은 긴장감을 완화시켜 패배하는 환경을 조성하게 된다.

또한, 똑똑한 후보자는 참모들을 활용하여 선거에 이기려 하지만 현명한 후보자는 참모와 함께 선거를 이기려 한다. 이 두가지 개념은 비슷해 보이지만 실전에 있어서는 매우 다른 결과를 가져온다.

참모들의 대부분은 사실 후보자의 당선 이후 자신의 역할과 위지에 대해 서마다의 욕심이 있다. 하지만 똑똑한 후보자일 수록 그런 것에는 관심을 두지 않으며 선거에서 승리한 이후에 논의하고 싶어하는 경향이 있다. 왜냐하면 똑똑한 후보자는 미리 어느정도의 인신을 보장할 경우 부작용이 나올 수 있다고 생각하기 때문이다. 하지만 참모들은 이러한 똑똑한 후보자의 처세술에 대해 더욱 자신의 입지를 세우기 위해 공신록 싸움을 하게 되는데 그 부작용으로서 다른 참모의 아이디어나 활동을 배제 또는 무시하고 단합해야할 참모들 간에 미묘한 경쟁심을 유도하게 된다.

이는 선거캠프에서는 금기시 되는 일탈 행위로서 결코 후보자에게 득이 되지 않는 결과를 만든다.

그러나 현명한 후보자의 경우 참모와 후보자간에 함께 같이할 동지로서의 자격과 입지를 만들어 주고 함께 뛰고 함께 죽자는 신념을 불태운다. 이는 서로간의 신뢰감이 형성되어 참모의 입장에서는 굳이 공신록에 집착할 필요성도 없고 다른 참모와도 경쟁할 필요성도 못느낀다. 하지만 그렇기 때문에 비능률적이지 않는가에 대한 질문에 대해서는 후보자가 낙선하게 되면 모든 꿈이 사라지기 때문에 결코 그렇지 않다라고 말하고 싶다.

즉, 장군과 장수 사이에는 신뢰감과 함께한다는 동지애가 그 무엇보다 중요하다는 말이다. 하지만 똑똑한 후보자일수록 가슴보다는 머리로 말하려 하니 그 진심이 참모에게 전달될 수 없는 것이다. 이는 전투에 있어서 매우 중요한 역할을 하게 되며 실전에서 승패의 원인이 되기도 한다.

후보자는 똑똑한 사람이 아니라 현명한 사람이 되어야 승리할 수 있다.

5. 전략을 가진자가 이긴다

전쟁에서 전략없이 싸운다는 것은 곧 패배를 의미한다. 물론 상대방 역시 전략이 없다면 힘과 전투력의 차이에 따라 승패가 결정되겠지만 그렇지 않다면 전략의 유무에 따라 승패가 결정될 것이다. 또한, 어느 한쪽의 전투력이 월등히 뛰어나다면 제아무리 좋은 전략도 승리하기에는 역부족이겠지만 어느 정도의 군사력만 있다면 전략을 가진쪽이 승리한다. 그런데 이는 선거에서도 마찬가지다.

선거에서 전략이란 지대한 영향이 미치게 되며 전략이 있고 없고에 따라 승패가 결정되는 경우가 다반사로 존재하기 때문이다. 그런데 대부분의 후보자들은 선거전략이라고 하면 매번 해오던 행사진행 정도로 여겨 과거 경험대로 전략을 만들거나 그때 그때 아이디어를 짜서 행하는 경우가 대부분이다. 하지만 이는 집을 설계도 없이 경험에 의존하여 짓는 것과 같은 이치이다.

선거에 있어서 정책과 전략이 차지하는 비중은 절대적이다. 하지만 우리나라의 정치적 특성상 공천이 곧 당선이요 공천만 따내면 만사해결이라는 인식이 정책선거를 후퇴시키고 있는 것이다. 또한 지방권일수록 정책 중심의 선거전 보다는 조직선거의 뿌리가 토착화 되어 있는 것도 한 원인이라고 할 수 있다.

하지만 제아무리 공천을 받았다해도 비슷한 조직력을 가지고 있다면 전략을 가진자가 이긴다. 물론 몇몇 지방권에서는 특정 정당의 공천이 곧 당선인 경우를 배제할 수 없겠지만 설령 무소속 후보자라도 "승리의 비결" 중 2~3가지만 철저히 지키고 있었다면 쉽게 지지 않는다. 이러한 부분은 이미 선거의 여러 통계자료를 통해서도 쉽게 접할 수 있는 사실이다.

이러한 전략의 필요성은 수도권의 경우 그 Needs가 높아 조직선거 중심이 아닌 인물 또는 정책중심의 전략선거가 점차 확산되고 있는 추세이다. 이는 캠페인에 있어서 조직선거 보다 전략선거가 더 효과적이었음을 의미한다.

그러나 선거에서 조직력을 무시할 수 없다. 이것은 현실이기 때문이다. 하지만 그 선거조직이라는 것이 솔직히 어떤 후보자이든 간에 어느 정도 존재하는 것 아닐까 싶다. 그렇다면 이런 게임에서는 전략의 유무와 어떤 전략인가에 따라 승패가 나누어질 것이다.

제3장

선거의 본질

1. 선거의 3요소
   - 가. 선거의 제1요소 – “바람(정당)”
   - 나. 선거의 제2요소 – “구도”
   - 다. 선거의 제3요소 – “텃밭”
2. 유권자의 본질
   - 가. 유권자 패러다임의 변화
   - 나. 유권자 심리학
   - 다. 선거는 찬반의 진실게임

이슈란 주도권을
가진 사람이 이긴다

제3장 선거의 본질

선거에서 승리하기 위해서는 선거의 본질에 대해 기본적으로 알아야 한다. 왜냐하면 선거의 본질이란 전투에서 지형이나 환경 같은 존재가 되기 때문이다. 어떤 지형에서 전투가 벌어지느냐에 따라 승패가 달라지기도 하며 적을 기습할 수도 기습을 당할 수도 있다. 이렇듯 지형에 대한 사전 숙지가 되어 있지 않았다면 효과적인 승리를 거두기 어렵게 된다.

전투란 항상 나에게 유리한 지형에서 벌어지는 것은 아니다. 그렇기 때문에 최소한 그 지형이 전투에 미치는 영향이 어떤 것인지 알고 전략을 마련하는 것은 당연한 과제가 된다.

제3장에서는 선거의 본질을 통해 후보자의 의사와는 상관없이 형성된 지형에 대해 그것이 선거에 어떠한 영향이 미치는 것인가에 대해 설명하겠다. 이는 선거전략에 있어서 기본이 되며 모든 선거에 있어서 어떠한 형식이든 직접적인 영향이 미칠 수 밖에 없는 것들이다. 이것을 피할 것인지 돌파할 것인지는 각론이라 하더라도 총론을 이해하지 못한 각론은 존재할 수 없기 때문에 알아야 한다.

실제 선거에 있어서는 선거의 본질만으로도 당락이 결정된 경우가 많다. 그렇기 때문에 선거의 본질을 활용한 전략이나 그 본질을 뚫고 나갈 전술의 마련은 항상 창과 방패처럼 준비해야할 과제가 된다.

따라서 선거의 3요소와 유권자의 본질을 정확히 이해하는 것이 효과적 전략마련에 도움이 될 것이다.

1. 선거의 3요소

선거의 3요소란 바람(정당), 구도, 텃밭에 의해 선거 당락이 결정된다는 것을 말한다. 필자의 경험칙상으로 본다면 바람(정당)에 의해 당락이 결정되는 경우가 70%, 구도 10%, 텃밭 10%, 후보 인물론 5%, 캠페인 5% 정도로 보인다. 물론 지역적 특성이나 인물의 적합도에 따라 다소 이 수치는 달라질 수 있지만 수도권을 중심으로 한 통계적 개념으로 본다면 그렇다는 말이다.

이렇듯 선거의 3요소란 승패의 원인을 3가지의 요소로 구분지은 것이다. 또한, 이는 후보자 자신의 내부적요인이 아니라 후보자의 의사와는 관계없이 형성된 선거의 외부적 환경요인이라는 특수성을 가지고 있다. 이러한 선거의 3요소는 때로는 후보자에게 유리한 전선을 형성하기도 하지만 때로는 불리한 전선을 만들기도 한다.

결국 선거의 3요소는 선거 당락을 결정하는 중요한 지형적 의미를 띄게 되는데 후보자의 의지와는 상관없이 선거의 3요소가 전개되는 경우가 대부분이다.

가. 선거의 제1요소 – "바람(정당)"

대통령 선거에 있어서는 대통령 후보자(인물론) 자체가 국민적 이슈가 되고 인물론의 찬반형태로 진행되는 경우가 대부분이다. 그것은 대통령 후보 자체가 국민적 이슈이기 때문이다. 정치에 무관심한 사람들 조차도 대선 후보자들이 언론의 집중적인 스포트라이트를 받게 됨으로서 원튼 원치 않던 간에 대통령 후보에게 시선이 집중될 수 밖에 없고 이 때문에 후보에 대한 정보 습득 과정도 짧다.

하지만 국회의원 선거나 지방선거의 경우는 정당의 찬반선거로 전개된다. 이는 정치적 불신으로 인한 유권자의 정치적 관심도가 점차 낮아지는 것도 한 요인이지만 국회의원 선거나 지방선거의 특성상 많은 후보자의 출마도 한 요인으로 작용한다. 특히 2010년 지방선거의 경우 교육위원 및 교육감 선거가 추가 되기 때문에 사실상 유권자는 수많은 양의 정치홍보물을 받게 될 것이고 읽는다는 것 자체가 엄두도 안날 수 있기 때뮤이다. 이는 유권자가 여러 후보자로 시선이 분산되어 정보 습득과정이 길어지는 이유가 되며, 이 때문에 대부분의 유권자들은 바람(정당)에 의해 후보자를 선택하는 경우가 증가하게 된다는 것이다.

여기에서 바람이란 선거에 직면하게 되면 당대 당의 정치적 이슈가 대부분 충돌하게 되는데 이때 언론을 중심으로 바람(여론)이 형성되게 되며 그 형성된 여론에 따라 여론재판처럼 선거가 진행된다는 것이다. 이러한 바람은 당락에 있어서 매우 절대적이다.

2002년 6월 13일 시행된 전국동시지방 선거의 경우 선거를 앞두고 'DJ 옷로비 사건' 이 붉거지게 되었으며 결국 민주당의 찬반 선거로 확산되게 된다. 당시 수도권 대부분은 한나라당 후보가 당선 되었고 별다른 전략전술 없이도 쉽게 승리했다.

17대 총선의 경우 한나라당의 '노무현 대통령 탄핵안' 에 대한 국민적 분노가 순식간에 바람(여론)으로 형성되어 수도권의 한나라당 후보자들 대부분이 낙선의 고배를 마셔야 했다. 결국 선거는 이렇듯 정당에 의한 찬반이 바람이라는 특수한 현상으로 유권자에게 다가오며 표심으로 이어진다.

하지만 '노무현 대통령 탄핵' 바람의 덕을 보았던 열린우리당이 2006년 5월 31일 전국동시지방선거에서는 그 반대의 역풍을 맞게된다.

2006년 전국동시지방선거의 경우 참여정부에 대한 국민적 평가가 열린우리당 정당지지도에 영향이 미쳤고 정당의 찬반선거로 진행되게 되었다. 이러한 참여정부의 찬반이 정당의 찬반에서 후보의 찬반으로 이어졌고 선거를 며칠 남겨놓고 '박근혜 피습사건' 이 선거의 당락을 확정짓는 결정적 요인으로 작용하게 된다.

이와 같이 국회의원 선거 또는 지방선거는 바람처럼 정당에 대한 평가가 여론으로 형성되어 선거에 영향이 미치게 되며 선거전반에 지대한 영향을 주게 된다. 앞으로 다가올 지방선거나 총선에서도 어떠한 형태든 또다시 바람이 불 것이다.

나. 선거의 제2요소 - "구도"

선거는 구도에 따라 전투 환경이 변한다. 구도에 변화가 생기면 지지자가 분열하거나 결집하는 현상이 생기기 때문에 선거 당락의 중요한 변수가 되기도 한다.

15대 대통령선거에서 한나라당 이회창 후보와 이인제 후보가 경선에서 격돌했으나 이인제 후보는 경선패배를 불복하고 국민신당을 창당하여 대통령선거에 출마게 되었으며 결국 한나라당 표가 분열하게 된다.

15대 대통령선거 결과를 살펴보면 당시 한나라당 이회창 후보가 9,935,718표를 득표하였고 국민회의 김대중 후보가 10,326,275표를 득표하였다. 결국 이회창과 김대중의 득표차는 약 39만표였는데 당시 국민신당 이인제 후보가 득표한 표수는 490만표가 넘었다. 결국 국민회의 김대중 후보는 이인제 후보의 경선불복 사건이라는 구도 변화가 당락에 중요한 요인이 되었음을 알 수 있다.

당시 국민신당의 이인제 후보는 한나라당 절대적 지역기반인 경남, 부산, 대구에서 130만표 이상을 득표하여 이회창 후보의 표심을 분열시키는 결과를 만들었다. 이는 국민회의 김대중 후보의 지역기반인 전남 전북에서 이인제 후보가 43만표를 득표(분열)한 가져온 것에 비하자면 대조적이다.

15대 대통령 선거 득표현황을 보면 좀더 이해가 쉬울 듯 싶다.

*15대 대통령선거 후보자별 득표현황

시도명	투표자수	한나라당 이회창	국민회의 김대중	국민신당 이인제
서울	5,926,743	2,394,309	2,627,308	747,856
부산	2,124,010	1,117,069	320,178	623,756
대구	1,347,018	965,607	166,576	173,649
인천	1,311,512	470,560	497,839	297,739
광주	783,025	13,294	754,159	5,181
대전	692,821	199,266	307,493	164,374
울산	530,459	268,998	80,751	139,824
경기	4,600,005	1,612,108	1,781,577	1,071,704
강원	846,596	358,921	197,438	257,140

시도명	투표자수	한나라당 이회창	국민회의 김대중	국민신당 이인제
충북	805,496	243,210	295,666	232,254
충남	1,023,990	235,457	483,093	261,802
전북	1,190,190	53,114	1,078,957	25,037
전남	1,325,731	41,534	1,231,726	18,305
경북	1,574,454	953,360	210,403	335,087
경남	1,681,584	908,808	182,102	515,869
제주	278,999	100,103	111,009	56,014
합 계	**26,042,633**	**9,935,718**	**10,326,275**	**4,925,591**

이렇듯 구도의 변화는 선거의 지형을 송두리째 변화시킨다. 이러한 구도변화에 따른 선거지형의 변화는 대통령 선거에만 해당되는 것이 아니라 총선이나 단체장 선거도 마찬가지다. 결국, 선거에서의 구도는 전투에서의 환경을 만드는 것과 같다.

다. 선거의 제3요소 - "텃밭"

선거에서의 지형적 여건이 바로 "텃밭"이다. 이러한 텃밭은 내가 출마하는 지역의 유권자가 어디 출신의 어느 성향이냐에 따라 선거 당락에 직접적 영향을 준다는 것이다. 즉 후보자와 유권자 사이에 지연 혈연 학연적 관계가 어느 정도냐에 따라 당락에 영향이 미치며, 지방도시의 경우 출마 정당이 어디냐에 따라 선거에 지대한 영향이 미친다는 것을 말한다.

예를 든다면 호남권에서 한나라당 후보가 당선된다는 것은 현실적으로 불가능에 가까운 것과 같은 이치이며 이는 선거의 3요소 중 텃밭 때문이라는 것이다. 물론 영남권에서 민주당 후보가 당선되는 것이 힘든 것과 같은 이치이다.

이는 수도권에서도 영남과 호남, 그리고 충청인이 각각 몇%씩 거주하고 있느냐에 따라 표심이 바뀌기도 하는데 이러한 현상을 전형적인 텃밭에서 기인된다고 보는 것이다. 또한 이러한 거주민의 출신지역이 선거에 영향이 미치고 있음은 다 알고 있을 것이다.

그러나 이러한 텃밭이 반드시 지역적 출신만을 보는 것은 협의의 텃밭 개념을 말하는 것이며 광의의 텃밭 개념으로 본다면 학연과 혈연 또한 무시할 수 없는 것이 된다. 따라서, 후보자의 학연과 혈연의 정도에 따라 지지그룹이 형성되기도 하는데 이는 고정표로 확산되어 실제 득표전략에 있어서도 상당한 영향력을 행사하게 된다는 것이다.

하지만 수도권의 경우는 이러한 텃밭 효과가 점차 줄어들고 있는 추세이며 선거에 영향이 덜 미치는 반면, 지방도시의 경우에는 오히려 결집력이 상승하고 있는 것이 특징이라고 할 수 있다.

아무튼 선거에 있어서 바람(정당), 구도, 텃밭은 당락의 주요 변수로서 작용하고 있음을 알았을 것이다.

2. 유권자의 본질

유권자의 심리는 시대에 따라 변화하고 있다. 이러한 유권자 심리의 변화도 선거에 있어서는 지형에 해당한다. 유권자의 심리를 정확히 꿰뚫는다면 효과적인 캠페인 전략을 구사하는데 도움이 된다.

유권자 본질 하나만 제대로 이해하고 활용한다고 해도 후보자를 유권자에게 알리는데 있어서 주요 Target층을 설정하고 어떠한 메시지로 다가갈 것인가에 대한 답을 쉽게 찾을 수 있기 때문이다.

선거전략에 있어서도 유권자 심리는 매우 중요하다. 유권자심리를 활용한 전략 전술이 다양하기 때문이다. 따라서, 선거에 대한 유권자 패러다임의 변화와 유권자의 심리를 설명하겠다.

가. 유권자 패러다임의 변화

유권자 패러다임은 대한민국 건국이래 몇변의 변화시점이 있었으나 최근으로서는 16대 대선을 기점으로 변화했다. 16대 대선 이전 상황을 보면 아버지가 아들에게, 남편이 아내에게 자신이 지지하는 후보를 선택하도록 요구했다. 이러한 사회적 현상은 일반 국민들에게 있어서 자연스러운 현상이었고, 결국 아버지 또는 남편에 의한 지지도가 표심으로 직결된 사례가 많았다. 이는 전통적 한국 사회에서 보면 당연한 일이었을 것이다.

다시말해 과거에는 아버지가 아들에게 “아들아 이번 선거에서 누구를 찍어라”하면 아들은 아버지의 뜻대로 그 후보를 찍어주는 것이 당연해 보였다. 또 남편이 아내에게 “여보 이번 선거는 누구를 꼭 찍어”하면 “알았어요”라고 대답하는 것이 순종적 아내의 모습이자 일반적 유권자의 패러다임이었다.

그러나 오늘날에 있어서는 아들이 아버지에게 “아버지 이번 선거에서 누구를 찍어주세요”라고 요구하게 되었다. 또한 아내도 “여보 시장갔다 오는 길에 어떤 후보를 봤는데 정말 아니더라. 이번 선거에서는 누가 좋겠어요”라고 자기 의사를 분명히 밝히게 되었다.

이러한 유권자 패러다임의 변화는 최근 여성의 사회참여율이 두드러지게 상승함으로서 여성의 자기 주장이 강화되었고, IMF에서 미국발 경제위기까지 확산되어 남성이 가장으로서 불안정한 위치에 놓이게 됨으로서 빚어진 사회현상 중 하나일 것이다. 또한 초고령화 시대에 진입하면서 무능력한 노인들이 자식들에게 자신의 몸을 위탁하게 되는 가정이 증가한 것도 한 요인이 된다.

2010년 전국동시지방선거에서도 여성표심을 얻기 위한 "장바구니 캠페인"이나 재래시장 방문을 통한 후보자 알리기 캠페인이 유행할 것이라고 예견된다. 이는 여성유권자의 영향력이 점차 커졌기 때문이다. 최근 통계청의 자료를 보더라도 여성 취업률이 남성 취업률을 이미 넘어섰다. 이는 여성유권자들의 사회참여율을 나타낸 것과 같으며 그만큼 여성의 발언이 강조되고 있음을 의미한다.

이러한 유권자 패러다임의 변화는 참여정부 시절 대학구내 기표소 설치가 의무화 된 것을 봐도 잘 알 수 있다. 대학구내 기표소 설치로 인해 젊은 층의 선거에 대한 관심과 참여도가 급상승 하였으며 제16대 대통령 선거에 영향이 미치기도 하였다.

이렇듯 유권자 패러다임의 변화는 연령대 및 성별에 따른 지지성향이 달라 선거에 영향이 미치며 어느 쪽의 투표율이 높으냐에 따라 당락이 좌우될 수도 있기 때문에 선거전략에 있어서도 점차 그 중요성이 강조되고 있다. 결국 유권자 패러다임의 변화는 새로운 선거지형의 변화임이 분명하다.

나. 유권자 심리학

대부분의 후보자들은 착각속에 산다. 쉽게 말해 "나를 지지해서 찍어준다"

와 "내가 좋아서 도와준다"가 그것이다. 이는 절대적 착각이다. 그 착각에서 깨어나야 제대로된 나의 모습을 평가하고 전략을 구상할 수 있다.

물론 나를 지지해서 찍어준 이도 있을 것이고 내가 좋아서 도와준 이도 있을 것이다. 그러나 그 숫자는 국회의원 후보의 경우 몇 십명에 불과한 경우가 대부분이고 더 솔직히 말한다면 서너명 정도인 경우도 많다.

당선된 후보들의 대부분은 '나를 지지하는 유권자들이 많이 투표해서 이겼다' 고 생각한다. 그러나 이것은 유권자 심리를 모르고 하는 말이다. 물론 지지하는 유권자들이 투표를 한 것은 사실이지만 대부분의 유권자는 누구를 당선시키기 위해 투표장에 간 것이 아니라 누구를 낙선 시키기 위해 투표장에 간다는 사실이다.

아주 쉽게 말하면 A후보가 좋아서 A를 찍어준게 아니라 B후보가 싫어서 A를 찍어준 것이다. 또한, A후보가 좋아서 A를 찍어준게 아니라 A가 C정당 출신이기 때문에 A를 찍어준 것이다. 그리고 C정당이 좋아서 A를 선택한 것이 아니라 D정당이 싫어서 C정당을 지지한 것이다. 지금의 대부분의 유권자들은 정치 혐오증 환자까지는 아니더라도 정치권에 대해 대부분 부정적 시각을 가진 사람이 훨씬 더 많기 때문에 빚어지는 현상이다. 이러한 개념의 정립은 선거전략을 만드는데 있어서 중요한 지형적 요소가 된다.

이는 당원들이 자기 당의 후보자가 좋아서 지지하는 것이 아니라 자기 당의 후보이기 때문에 지지하는 것과 같고, 자기 당이 좋아서 지지한다기 보다는 다른 정당이 싫어서 자기 당을 지지하는 것이다.

이렇듯 유권자는 어떤 후보를 당선시키기 위해 투표장에 가는 것이 아니라 다른 후보가 싫어서 투표장에 가는 경우가 더 많다는 사실이다.

이러한 유권자 심리를 이용한 전략은 정치권에서 흔히 사용되는데 야권의 연대를 통한 세확산이 하나의 예시가 될 수 있다. 이는 반여당 정서를 가진 사람과 조직을 연대해 하나의 조직체로 구성하여 정치적 대응을 하겠다는 것인데 이러한 조직체는 야당을 좋아하는 사람들을 규합하는 것이 아니라 사실상 여당이 싫은 사람들을 규합하는데 그 목적이 있다.

이렇듯 유권자 심리학은 어떤 면에서는 전술적 개념에 가깝고 실제 활용되는 경우가 많다. 하지만 정치권이 현재 국민에게 얼마나 많은 불신과 상처를 주었는지 다시한번 돌아봐야할 내용이기도해 씁쓸하기까지 하다. 국민이 정치를 신뢰하고 정치를 믿을 수 있는 세상이 된다면 이러한 유권자 심리는 존재하지 않을 것이기 때문이다. 이런 점에서 본다면 정치인은 국민앞에 자성하고 정책선거와 깨끗한 선거로 참다운 미래를 국민 앞에 밝히고 상생과 화합의 정치를 실현해 나가야 할 것이다.

다. 선거는 찬반의 진실게임

대부분의 유권자는 거짓말을 한다. 말로는 후보 본위의 비전과 정책, 청렴함, 그리고 가장 능력있는 후보를 뽑겠다고 하지만 실상은 정당과 지역, 이슈에 의해 결정된다. 다시말해 사람을 보고 뽑겠다는 유권자는 대부분 거짓말을 하고 있는 셈이다.

필자는 유권자의 이런 거짓말에 대해 옳으냐 그르냐를 말하고자 하는 것은 아니다. 다만 대부분의 유권자를 대상으로 여론조사를 해보면 정당을 보고 후보를 선택하겠다고 하는 비율은 10% 남짓한 반면 인물과 비전, 정책을 보고 뽑겠다는 결과는 60~70%에 이른다. 하지만 선거가 끝난 이후 개표결과를 보면 이것이 유권자의 새빨간 거짓말이었구나 라는 결과를 한눈에 볼 수 있다.

예를 들자면 영남권에 출마하는 민주당의 모든 후보가 인물론이나 정책에 있어서 한나라당 후보에게 뒤떨어진다는 것은 말도 안되는 논리이며, 반대로 호남권에 출마하는 한나라당 후보가 민주당 후보에 비해 인물론이나 정책이 모두 뒤떨어 진다는 것은 터무니 없는 말이 되기 때문이다. 다시말해 유권자는 인물을 보고 투표하겠다고 하지만 실제 투표장에 가서는 다른 것에 의해 선택한다는 것이 입증된 것이다. 따라서, 후보자들 대부분이 공천에 사활을 거는 이유도 이 때문일 것이다.

이렇듯 많은 유권자는 새빨간 거짓말을 하고 있다. 하지만 그 거짓말을 이슈라는 찬반의 진실게임에 가져다 놓으면 유권자 심리는 본연의 정책에 따른 표심의 형태를 유지한다는 것이다. 즉, 인물과 비전, 정책을 보고 뽑겠다던 그 마음이 이슈의 격돌로 인해 유지되며 이슈 대상의 찬반이 후보자의 찬반으로 유권자 심리가 적극 개입된다는 것이다.

이와같은 예시로서 제16대 대통령선거에서 노무현 대통령 후보가 내세운 "수도이전론"을 들 수 있다. 그 "수도이전론"이 옳으냐 그르냐의 문제는 필자가 논할 문제가 아니지만 충청권에서 이 정책에 관한 이슈로 인해 노무현 후보는 상당히 많은 득표를 이룰 수 있었다는 사실이다. 당시 충청권의 표심은 이회창이냐 노무현이냐의 전선이 아니라 행정수도이전이야 이전 아니냐의 이슈로 찬반이 분리되어 찬성하는 쪽은 노무현 후보로 반대하는 쪽은 이회창 후보 쪽으로 표가 갈라진 것이다.

이는 비단 충청권 뿐만 아니라 수도권에서 조차도 유권자들은 "수도이전이냐" "수도이전 아니냐"에 대한 찬반의 진실게임이 진행되고 있었고 그것이 이슈화 되어 선거에 영향이 미쳤음은 그 누구도 부인하지 못할 것이다.

아무튼 유권자의 본질을 살펴보면 유권자의 이러한 심리속에 깔린 배경을 좀더 면밀히 파악할 필요가 있는데 통상적으로 유권자가 인물론과 정책에 따라 투표하겠다고 말하면서도 정당을 보고 투표하는 이유는 당해 후보자에게 이슈가 없기 때문이다. 만일 이슈가 존재하는 후보자라면 예시와 같이 이슈의 찬반이 후보자의 찬반으로 이어질 것이다.

쉽게 말하면 한 지역에 출마하는 후보군의 공약서를 보면 A후보나 B후보가 별반 다를 것이 없고 거의 90%이상 똑같은 공약과 정책을 내세우는 일이 다반사다. 유권자의 입장에서 본다면 A후보가 당선되든 B후보가 당선되든 공약과 정책이 같으니 차별화가 되지 못하고 이 때문에 선거에 다소 영향이 미치는 것은 후보자가 지역적 연고나 조직력이 얼마나 더 우세한가에 따라 달라질 뿐이라는 것이다.

아무튼 상대후보와의 차별화된 공약과 정책은 나만의 이미지를 강화하게 되고 왜 내가 당선되어야 하는지를 유권자가 정확히 인식하게 된다. 이러한 것을 활용하는 전략이 이슈파이팅인데 문제는 후보자가 내가 무엇을 하겠다는 정책이 이슈의 중심이 된다.

메니페스토 운동의 경우도 정책선거를 통해 바른 선거문화와 지역발전에 도움이 될 것이라는 것인데 이러한 메니페스토 운동을 잘만 이해해도 훌륭한 전략이 된다는 것이다. 다시말해 내가 무엇을 하겠다는 것이 유권자에게 잘 전달 되었을 경우 그 이슈의 찬반게임으로 선거는 진행되기 때문에 정당과는 관계없이 인물 본위의 정책선거 분위기를 이끌 수 있기 때문이다.

이렇듯 메니페스토를 활용한 정책선거는 선거의 득표에도 매우 중요한 위치를 차지하고 있으며 내가 무엇을 어떻게 할 것인가에 대한 유권자의 인식이 인지도를 높이는데도 가장 효과적이다.

하지만 대부분의 후보자들이 이러한 정책선거에 대해 연구하기 보다는 조직선거 중심으로 연구를 하다보니 불필요한 불법과 금권이 이루어지는 것이며 유권자들은 끊임없이 거짓말을 하게 되는 것이다. 결국 유권자의 사람을 보고 뽑겠다는 거짓말은 후보자 스스로가 유권자가 거짓말을 할 수 밖에 없는 환경을 조성하게 되어 발생한 것이며, 어떤 후보자이든 정책선거를 이끌 경우 유권자는 그 정책에 관한 찬반의 시각으로 들여다 보게 되는 것이다.

유권자는 투표를 하면서 찬반의 진실게임을 한다. 그것이 옳은 것인지 아닌지는 훗날 역사가 평가하겠지만 메니페스토(정책선거)의 찬반게임은 분명 선거에 영향을 미친다. 다만 그 정책이 국민에게 얼마만큼 도움이 될 것인지의 찬반이 선거가 진행되는 지금 이 시간의 평가로 득표율에 반영되는 것이다.

유권자의 진실 게임. 그것이 곧 선거다.

제4장

실전선거 "전략의 법칙"

1. 갈라치기와 중간층 다가서기
2. 선거기술의 꽃 "이슈전략"
   가. 갈라치기와 이슈의 3요소
   나. 이슈화의 3요소
   다. 이슈의 "중간층 다가서기"전략
   라. 이슈 홍보론
   마. 이슈의 분열 및 삭감 전략
   바. 이슈의 셈법
3. 언론퍼블리시티 전략
4. 구전홍보(사면초가) 전략
5. 밴드왜건(Bandwagon)전략과 언더독(Under Dog)전략
6. 전화홍보 전략
7. 온라인 전략
   가. 온라인 전략의 활용
   나. 온라인 캠페인의 원칙
   다. 홈페이지 제작에 대한 조언
8. 공명선거 이행약속 전략

전략이 없는 것은
설계도 없이
집을 짓는 것과 같다

제4장 실전선거 "전략의 법칙"

필자는 정치컨설턴트다. 그렇기 때문에 전략의 기술을 빼놓고 강의한다면 이는 팥없는 단팥빵과 같다. 그러나 공공의 이익을 위한 책인 점을 감안하여 후보자들이 통상적으로 널리 쓰거나 사용할 수 있는 전략의 기술을 가지고 설명하도록 하겠다. 이러한 전략의 기술은 실전선거를 기반으로 하여 설명드리는 것이며 특정 정당이나 특정 후보자에 대해 그 어떠한 의도도 없음을 밝혀 드린다. 따라서 효율적 교육 인지를 높이기 위한 예시일 뿐이며 이는 필자의 사견이므로 혜량해 주시기 바란다.

선거에 있어서 전략이 있고 없고의 싸움은 집을 짓는데 있어서 설계도의 있고 없고와 같다. 아무리 노련한 건축가라 해도 설계도 없이 머릿속 구상만을 가지고 집을 지을 수는 없다. 그렇기 때문에 선거에 있어서 전략이란 대단히 중요한 지점이 된다.

그런데 이런 설계도를 만들기 위해서는 몇가지 원칙이 있다. 건물의 층수나 용도에 따라 철근의 수량이 달라지는 것처럼 무턱대고 그린다고 다 설계도가 되는 것은 아니다. 그렇기 때문에 설계도를 그릴 때도 기술적 노하우가 반드시 필요한 것이다. 이런 점에 있어서 선거전략도 마찬가지다.

다만 제4장 "전략의 법칙"편에서 모든 전략을 집대성하기에는 지면 관계상 불가능하여 정책선거를 실현하기 위한 전략의 기술만을 수록해 놓도록 하겠다. 또한, 필자의 사견으로서의 새로운 정책선거 아이디어도 올릴 것이니 참조하시기 바란다.

1. 갈라치기와 중간층 다가서기

선거전략을 큰 의미로 구분해 본다면 갈라치기전략과 중간층 다가서기전략 두가지로 나눌 수 있다. 하지만 다원화된 사회에 있어서 이 두가지 중 하나만을 고집하는 것이 아니라 사안에 따라 선택 사용한다는 것이 특징이다. 물론 주요 전략의 비중이 어느 쪽이 더 많으냐에 따라 갈라치기냐 중간층 다가서기냐가 결정된다.

과거 이래 동양 최고 전략가로서 장자방과 강태공을 들 수 있으나 현대 미국 대통령선거에 있어서는 '딕모리스' 와 '칼로브' 를 드는 경우가 많다. 이 두 사람은 대통령의 제갈공명으로 불리는 선거 최고의 전략가로 정평이 나 있는데 1996년 미국 대선에서 민주당 빌 클린턴 대통령이 당선했을 때 빌 클리턴은 "나는 딕모리스의 연출에 따라 연기를 했을 뿐"이라고 평가하여 정치컨설턴트의 중요성을 강조한바 있다.

이 두 전략가들은 선거전략에 있어서 딕모리스는 '중간층 다가서기' 를 전략으로 삼았고, 칼로브는 '갈라치기' 를 전략으로 삼았다. 두 전략 모두 일장일단을 가지고 있으니 전술의 활용기법에 따라 평가가 달라지기도 한다.

딕모리스는 '중간층 다가서기' 를 통해 득표전략을 꾀했는데 당시 민주당 골수 지지층은 "철학도 원칙도 없는 잡탕", "민주당의 배신행위"라며 분노했다. 그러나 딕모리스는 "민주당 지지자는 결국 공화당에 가지 못한다. 중간층 유권자를 잡아야 이긴다"는 전략을 끝까지 고수했으며 그는 결국 승리했다. 딕 모리스는 1996년 공화당 진영에 유리함에도 불구하고 '균형예산' 의 공약화로 중간층에 어필했고 빌 클린턴을 재선시키는데 까지도 성공한다.

반면 칼로브는 '갈라치기' 를 통해 득표전략을 꾀한다. 유권자를 갈라쳐 공화당 지지층을 결집시킨다는 전략이었다. 칼로브는 부시 대통령으로 하여금 민감한 쟁점에 대해 선명한 입장을 취하도록 했고 양당 지지자들이 극렬하게 대립하도록 유도했다. 유권자들은 찬반으로 갈라졌고 칼로브의 전략대로 진행되었다. 칼로브의 이러한 '갈라치기' 전략은 공화당 지지자들이 민주당보다 결집도가 강하다는 판단에 따라 자기 지지자들을 흥분시켜 투표장에 더 많이 끌어내는 방법을 선택한 것이다. 이러한 전략적 선택으로 조지부시는 2000년 대선보다 더 확실한 승리를 함으로써 '갈라치기' 전략의 효과가 입증되었다.

그러나 '갈라치기' 의 고수로 불리는 칼로브가 선거전략에 있어서 '갈라치기' 만을 사용한 것은 아니다. 2000년 미국 대통령 선거에서 부시 대통령은 '따뜻한 보수' 를 표방하며 중간층 다가서기를 시도했다. 조지 부시는 민주당 고유 이슈였던 교육문제를 이슈화(바우처계획) 하면서 초기 우파들에게 비난을 받았지만 결국 우파는 합류했다. 전당대회에서 조차 부시는 흑인 성가대를 기용하면서 극보수의 비난을 받았으나 그의 "중간층 다가서기 전략"은 성공한다. 이런 점에서 본다면 딕모리스가 주장한 "민주당 지지자는 결국 공화당에 가지 못한다"는 이론을 역이용 한 것이다.

선거전략에 있어서 갈라치기와 중간층 다가서기는 전략의 핵심 쟁점이 되기도 한다. 노태우 대통령은 "보통사람의 시대"를 통해 중간층 다가서기 전략을 사용했고, 김영삼 대통령은 '3당 합당' 을 통해서 지지그룹의 결속을 꾀하면서 철저히 호남배제 전략으로 지역간 갈라치기를 사용했다. 김대중 대통령은 "뉴 DJ플랜"을 통해 진보성향으로 알려진 자신의 이미지를 탈색시켜 보수층 유권자에게 다가서는 전략을 선택한다. "정치 보복을 하지않겠다"는 말도 보수층을 아우르기 위한 중간층 다가서기의 일환으로 보인다. 노무현 대통령은 "세대 · 이념 · 이슈 · 인물"로 갈라쳐 지지층의 결집을 이끌어

내는데 성공했으며, 오바마 미 대통령을 만든 정치컨설턴트 데이비드 엑슬로드의 경우도 선거전략에 있어서 노무현 대통령 후보와 유사한 갈라치기 전략을 사용했다.

이렇듯 선거전략의 큰 틀에서 보자면 갈라치기와 중간층 다가서기 전략 두 가지로 볼 수 있다. 어떤 전략이 우위에 있는가를 논한다는 것은 그 당시의 상황에 따라 달라질 수 있는데 갈라치기와 다가서기의 본질적 의의는 다음과 같다.

갈라치기 전략이란 민감한 쟁점에 대하여 선명한 입장을 취함으로써, 혹은 그런 민감한 쟁점을 후보자 스스로 먼저 제기함으로써 지지자들이 극렬하게 대립하도록 유도하는 것을 말한다. 제16대 대선에서 노무현 대통령 후보의 "수도이전론"과 제17대 대선에서 이명박 대통령 후보의 "대운하"가 좋은 예시가 될 듯 하다.

중간층다가서기 전략이란 득표의 극대화를 위해 중간층 유권자들이 거부감을 갖는 양 극단(골수 좌파와 골수 우파)의 가운데 위치(중도층)해서 양쪽의 아젠다를 버무려 중간의 입장을 취하는 전략을 말한다. 삼각형 밑변의 양 꼭지점을 좌우로 보고, 위쪽 꼭지점처럼 양쪽의 장점만 취하는 노선이라고 해서 '삼각주의(triangulation)' 이라고도 한다.

이러한 갈라치기 전략과 다가서기 전략을 구사하기 위해서는 이념적 스펙트럼의 선택이 선행되어야 하는데 이 선택에 따라 어떤 전략을 선택할 것인지 구분되기도 한다. 이것은 비단 대선 뿐만 아니라 총선이나 지방선거에서도 유용한 전략이므로 알아둘 필요가 있다.

2. 선거기술의 꽃 "이슈전략"

필자는 선거전략에 있어서 선거기술의 꽃은 단연코 "이슈전략"에 있다고 본다. 평범한 후보자도 어떤 이슈를 제기하느냐에 따라 어느 순간에 스타 플레이어로 등장하곤 한다.

홍준표 의원은 한때 홍준표 법안이라는 신조어가 생길 정도로 "재외동포법" 하나로 대한민국을 떠들썩 하게 했던 국회의원이다. 인터넷에서는 홍준표 법안에 지지하는 네티즌들이 인터넷 카페를 만들어 자발적 지지를 보내주었고, 이 법안에 반대했던 현역 의원들은 네티즌에 의해 고립하 되기까지 했다.

또한, 노무현 대통령 후보는 "수도이전론"으로 충청권 표심을 일거에 유리한 쪽으로 만들었으며, 이명박 대통령 후보는 "대운하" 이슈로 선거기간 내내 주도권을 잡았다.

이러한 이슈전략은 대선이든 지방선거든 선거에 있어서 대단히 중요한 전략에 해당한다. 갈라치기와 다가서기가 "전략의 선택"이라면 이슈전략은 "대상의 선택"에 해당한다.

가. 갈라치기와 이슈의 3요소

이슈전략의 성공여부는 이슈의 대상이 이슈의 3원칙을 충족하느냐 충족하시 못하느냐에 따라 결정된다. 대부분의 후보자나 참모들은 이슈를 좋은 정책에서 찾으려고 한다. 그러나 반드시 좋은 정책이 좋은 이슈가 되는 것은 아니다. 오히려 찬반이 격돌할 수 있는 사안이 이슈의 좋은 대상이 되기도 한다.

아무튼 이슈의 3요소란 대중의 관심사이어야 하고, 찬반이 존재하며, 선거에 영향이 미쳐야 한다는 원칙을 말한다. 여기서 3원칙 중 단 한가지라도 부족하다면 이슈전략은 실패한다. 따라서, 이슈화 전략시 3요소를 반드시 모두 충족시켜야 이슈화가 된다.

너무 중요해서 다시한번 강조하겠다. 이슈란 제1요소 〈대중의 관심사〉, 제2요소 〈찬반의 존재〉, 제3요소 〈선거에 영향〉을 충족시켜야 한다. 이러한 3요소 때문에 좋은 정책이 반드시 좋은 이슈가 되는 것은 아니다. 다시말해 대중의 관심사에 찬반이 존재하며 이러한 찬반의 격돌이 선거에 영향을 주어야 한다는 말로 풀이되기 때문이다.

노무현 대통령 후보의 "수도 이전론"이나 이명박 대통령 후보의 "대운하", 홍준표 국회의원의 "재외동포법"은 성공한 이슈로서 이슈의 3요소를 모두 충족시켰다.
반면 이슈의 3요소를 충족치 못한 것은 모두 이슈파이팅에서 실패한다. 정동영 대통령 후보의 "가족이 행복한 나라", 강금실 서울시장 후보의 "교육은 미래", 박근혜 한나라당 대통령 후보의 "열차페리, U자형 관광벨트"가 그것이다.

쉽게 풀이해 본다면 "수도이전론"의 경우 당연히 수도를 충청권으로 이전한다는데 대중이 무관심 할 수 없고(제1요소: 대중의 관심사), 이 때문에 격렬한 찬반이 존재했으며(제2요소: 찬반의 존재 / 이회창 후보의 반대), 그것이 충청권 민심을 움직였다(제3요소: 선거에 영향). 이렇듯 이슈란 이슈의 3요소를 모두 충족했을 경우 이슈화로 성장하여 후보의 찬반에서 이슈의 찬반으로 선거의 전선이 변화한다.

다시말해 이회창이냐 노무현이냐의 전선이 수도이전론이냐 이전론 아니냐의 형태로 변화한다는 것이다. 최소한 충청권의 당시 민심은 이전론을 둘러싸고 찬반의 형태로 표심이 갈라져 있었다.

이명박 대통령 후보의 대운하 이슈 역시 엄청난 공사라는 점에서 대중의 관심을 충분히 받을만 했으며, 상대후보인 정동영 후보의 격렬한 반대가 있었고(대운하는 재앙), 선거의 전선이 이명박이냐 정동영이냐의 구도가 아니라 이명박이냐 이명박 아니냐의 전선으로 부각되어 선거에 영향이 미쳤다.

하지만 이슈화에 실패한 정책을 보면 정동영 대통령 후보의 "가족이 행복한 나라"는 너무 추상적이어서 대중이 관심을 갖기에 부족했고, 그런 나라를 만들자는데 반대가 존재할리 만무였으며(상대 후보였던 이명박 후보의 반대 없음), 그 때문에 선거에 아무런 영향이 미치지 못했다.

또한, 강금실 서울시장 후보의 "교육은 미래"라는 슬로건도 정동영 후보와 마찬가지로 이슈의 3요소를 충족하지 못했을 뿐만아니라 박근혜 한나라당 후보의 "열차페리"도 대중의 관심사라고 하기 보다는 물류 관계자의 관심사이며, 반대가 존재하지 않았기에 실패한 이슈파이팅이 된 것이다. 따라서 성공한 이슈에는 선거의 3원칙이 공통적으로 존재했음을 알 수 있다.

필자는 지금 성공한 이슈가 '좋은 정책이냐' 혹은 '나쁜 정책이다' 라고 말하는 것이 아니다. 이슈에 성공했다고 해서, 또는 이슈에 실패했다고 해서 좋은 것이냐 나쁜 것이냐를 말하는 것이 아니라 정책의 특성상 이슈의 3요소를 충족했느냐 충족하지 못했느냐에 따라 이슈화가 되느냐 되지 못하느냐를 설명하는 것이다. 만일 충족했다면 이슈전략의 대상이 되고, 충족되지 못했다면 이슈전략의 대상으로서는 부족하다는 말이다.

물론 이슈의 3요소를 모두 충족하지 못했다 해도 이슈화 될 수 있다. 예를 들자면 미국 공화당 후보였던 조지 부시 대통령 후보의 경우 반대가 존재할 수 없는 '바우처 계획'을 발표했지만 미 사회에서는 이슈가 되었기 때문이다. 하지만 이 '바우처계획'이 이슈가 될 수 있었던 것은 '바우처계획'의 근본이 민주당의 고유 이슈를 공화당 후보가 먼저 채택(이슈의 선점 전략 또는 이슈의 삭감 전략)함으로서 이슈화의 원동력이 되었기 때문이다.

나. 이슈화의 3요소

이슈전략의 대상은 위에서 설명했듯이 "이슈의 3요소"를 충족했느냐에 따라 이슈의 대상이 되느냐 되지 못하느냐가 결정된다고 설명했다. 하지만 그것은 이슈 대상에 대한 기본 요건이지 이슈를 확산 시키기 위한 전제조건은 아니다.

만일 이슈의 3요소에만 해당된다고 해서 무조건 그 이슈가 확산될 것이라고 생각하면 오산이다. 이슈의 3요소는 이슈 대상의 기본요건이기 때문이다. 이 때문에 그 이슈를 캠페인화 할 수 있는 요건이 필요한데 그것이 바로 "이슈화의 3요소"이다. 다시말해 이슈화의 3요소는 이슈의 3요소에 대한 1+1전략이라고 보면 된다.

아래의 표는 후보자의 정책이 이슈의 3요소를 충족했을 경우 전략수립의 순서 및 가장 효과적인 방법 이슈파이팅 방법을 제시한 것이다. 아마도 이해가 쉬울 듯 하여 정리했다.

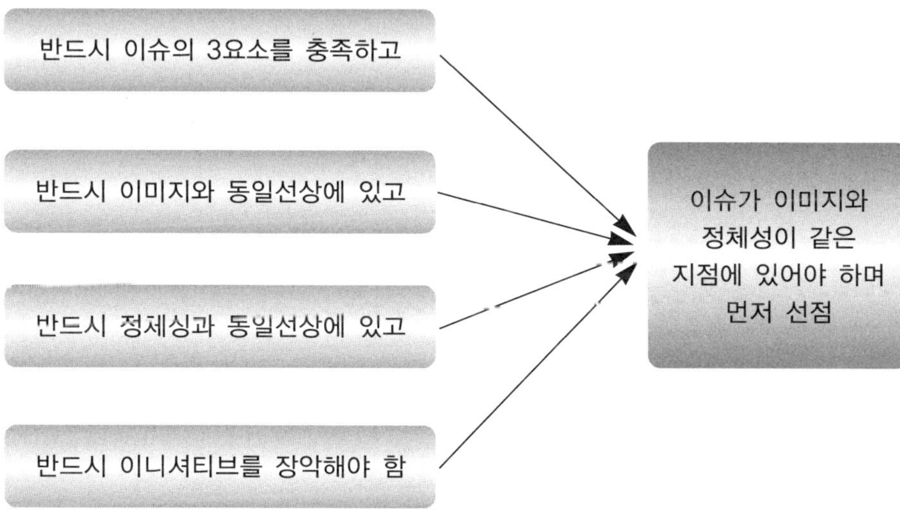

위 표에서 보듯이 이슈전략을 성공시키기 위해서는 트랜드조사와 FGI(Focus Group Interview)조사가 필수적이며 이를 확산시키기 위한 전략을 준비해야 한다. 하지만 모든 정책이 이슈의 대상이 되는 것이 아니라고 설명했듯이 성공한 이슈파이팅을 위한 전제조건이 존재한다. 다시말해 "이슈의 3요소"만으로도 충분히 이슈파이팅이 가능하지만 그 효과를 더욱더 확산시키기 위해서는 "이슈화의 3요소"가 존재한다는 것이다.

"이슈화의 3요소"란 필자가 정립한 새로운 이론인데 첫째, 이슈의 대상(정책 등)이 후보자의 이미지와 동일선상에 있어야 하고, 둘째 이슈의 대상이 후보자의 정체성을 벗어나서는 안되며, 셋째 이슈를 먼저 제기함으로써 이니셔티브를 장악해야 최상의 이슈화가 성공한다는 이론이다.

이를 풀이해 보자면 노무현 대통령 후보의 "수도이전론"과 그의 "개혁적" 이미지는 따로 존재하는 것이 아니라 함께 존재했기에 시너지효과가 발생한 것이고 진보주의로서의 정체성과 "수도이전론"의 이슈가 함께 어우러져 있었으며, 그 이슈를 먼저 제기함으로써 이니셔티브를 장악하여 캠페인 효과를 발생시킨 것이다.

이명박 후보의 "대운하" 이슈 역시 이명박 후보의 "건설CEO" 이미지가 확대되어 이슈화에 영향이 미쳤으며, "대운하"가 경제살리기(실용주의)의 연장선상에서 존재했고, 그 이슈를 먼저 제기함으로써 이니셔티브를 장악했기에 파급효과가 커진 것이다.

이렇듯 이슈전략과 이슈파이팅(이슈화 전략)은 상호 보완적인 관계이므로 잘 알아두면 이슈전략을 구상하는데 있어 효과적이다. 또한, 이슈의 3요소와 이슈화의 3요소는 사실상 내용면에 있어서 갈라치기 전략에 해당한다.

다. 이슈의 "중간층 다가서기" 전략

위의 이슈의 3요소와 이슈화의 3요소를 자세히 읽은 독자라면 두가지 생각이 교차할 것이다. 하나는 내가 생각했던 정책이 이슈에 해당하는 경우가 그 첫 번째이고, 또다른 하나는 내가 만든 정책이 이슈의 대상에 해당하지 못하기 때문에 새로운 이슈꺼리를 찾아야겠다고 생각하는 것이 그 두 번째이다. 하지만 전자든 후자든 간에 그렇게 고민할 필요는 없다. 전자에 해당한다면 이미 설명을 다 했지만 후자에 해당한다고 해서 이슈파이팅으로 승화시키지 못하는 것은 아니기 때문이다.

전자에 해당하는 것이 갈라치기 전략에 해당한다면 후자의 경우는 중간층 다가서기 전략으로 승화시킬 수 있기 때문이다. 다시말해 좌와 우 또는 이해

관계에 있어서 양 끝단의 것들을 배제하여 중간층에 존재하는 표심을 노리는 전략이 그것이다. 하지만 이 경우 이슈 중도층다가서기 전략의 원칙에 대해 기본적인 상식이 있어야 하는데 대부분의 후보자들이나 참모들은 이러한 원칙을 몰라 이슈화에 실패하는 경우가 대부분이다.

"이슈의 중간층 다가서기" 전략도 이슈의 3요소처럼 아무것이나 이슈의 대상이 되는 것이 아니고 여기에도 3가지의 요소가 존재한다. 이러한 이슈의 중간층 다가서기 전략은 미 대선에서의 칼로브에 의한 부시의 바우처계획이 대표적인데 이미 서두에서도 설명했지만 이 바우처계획은 '따뜻한 보수'를 표방하며 이슈화에 성공했음은 물론 유권자의 많은 지지를 받았다. 당시 이 바우처계획이 이슈파이팅으로 성공할 수 있었던 요인은 첫째, 부시 후보의 '온정주의' 이미지와 바우처계획(교육)이 절묘하게 맞아 떨어졌고, 상대의 아젠다를 나만의 아젠다로서 만들었으며, 이슈를 먼저 제기함으로 인해 이니셔티브를 장악했기 때문이다. 이렇듯 이슈 중도층 다가서기 전략에도 일정한 원칙이 있다.

이슈의 중도층 다가서기 전략이 성공하기 위해서는 후보의 이미지가 이슈의 대상보다 크거나 같아야 하며(후보의 이미지≧이슈의 대상), 그 이슈의 대상이 후보 이미지를 확대 재생산되어 이미지 자체가 빅이슈가 되도록 유도해야 한다. 따라서, 이슈의 대상은 반드시 후보자의 이미지와 동일하거나 연상시킬 수 있는 대상이어야 캠페인효과가 크다는 말이다. 또한, 이슈의 대상을 나만의 아젠다로 선점함으로서 이니셔티브를 쥐면 이슈화는 대부분 성공하게 된다.

부시의 바우처계획으로 인해 부시가 가진 온정주의 이미지가 더 부각되었고, 바우처 계획에 대한 이슈도 화제였으나 이로인한 부시의 이미지가 대중들에게 따뜻한 사람으로 알려졌기에 선거에 영향이 미친 것이다.

라. 이슈 홍보론

이슈란 갈라치기든 중도층 다가서기든 간에 어느 것이든 이슈화할 방법은 모두 존재한다. 이는 정책선거에 있어서 가장 필요한 선거의 기술에 해당하는데 대통령 선거에 있어서는 정책적 이슈파이팅이 선거의 주류를 이루는 반면 지방선거나 국회의원 선거는 사실상 그렇지 못한 것이 현실이다.

그 이유는 대체적으로 세 가지가 존재하는데 첫 번째는 후보자 자신에게 적절한 자기만의 아젠다 즉 이슈꺼리가 없어서 그런 것이고, 두 번째는 지방선거나 국회의원 선거의 특성상 지역별로 많은 후보자들이 출마해 유권자가 후보자에 대한 각각의 정보 습득과정이 용이하지 못할 뿐더러 유권자의 시각이 분산되어 있기 때문이다. 또한, 세 번째로서 후보자나 캠프 자체가 이슈 홍보에 대해 최적의 방법을 잘 몰라 유권자에게 못알리고 있다는 것도 한 몫을 하고 있다. 이 때문에 대부분의 유권자들은 후보 중심이 아닌 정당에 대한 찬반 투표로 표심이 대체되는 것이다.

이렇듯 지방선거나 국회의원 선거에 있어서 이슈파이팅의 문제점을 말하는 것은 이 세 가지를 보완해야만이 이슈파이팅이 가능하다는 말을 하고 싶어서이다. 그런데 필자는 수많은 선거를 치러 오면서 대부분의 캠프가 위와 같은 문제점에 대해 해결하려고 하는 의지를 별로 본 적이 없다. 그저 선거때 부는 바람 때문에 우왕좌왕 하거나 바람에 편승해서 쉽게 당선하려고 하는 것이 대부분이니 말이다.

더구나 대선후보자의 캠프는 정치전략가는 물론 홍보전문가들이 많아 이러한 문제점을 돌파하고 갈 수 있는 동력이 되지만 사실상 지방선거나 국회의원선거에 있어서는 그 정도의 캠프 동력을 기대하기 어렵다. 그렇다 보니 스스로 자생적 이슈캠페인 전략을 만들지 못하는 것이다.

그 때문에 후보자가 아무리 좋은 정책을 만들어도 홍보가 되지 않아 묻혀버리는 경우가 다반사이고, 이러한 현실이 장기적으로 누적되어 정책선거에 관심이 없어진 것이다. 하지만 정책선거가 후퇴한 만큼 조직선거에 대한 Needs는 증가하여 금권선거와 탈법선거의 유혹을 쉽게 뿌리치지 못하는 것이다. 만일 이슈파이팅에 대한 전문적 지식이 있다면 비싼 헛돈을 써가는 그런 금권선거의 유혹에서 한껏 자유로울 수 있다.

이 책 한권을 제대로 정독한다면 아마도 정책선거를 위한 이슈파이팅 전략을 자신의 의도대로 구성할 수 있을 것이며 많은 도움이 될 것이라고 생각한다. 그러나 많은 후보자들이 홍보에 대한 전략만을 짜놓고 행동하지 않는다면 그 또한 무용지물이 될 것이니 자신의 나태함으로부터 경계해야 할 것이다.

필자는 이러한 후보자들의 나태함과 이슈파이팅의 무지함에 대해 강의할 때 중소기업과의 비교를 통해 강의할 때가 많다. 그도 그럴 것이 예시부터 내용에 이르기 까지 그보다 더 좋은 예가 없어서이다.

필자는 평소 정치인들에 대한 정치컨설팅 자문 뿐만 아니라 민생경제연대라는 시민사회 단체에서도 활동하고 있어 중소기업인을 상대로 한 강연 또는 자문을 해줄 때가 있다. 그런데 필자가 중소기업인을 대상으로 기업상담을 해주다 보니 이들에게는 고질적 문세섬과 애환이 존재했다.

그 첫 번째가 제품이 안팔려 망할 지경이라는 것이고, 그 두 번째가 어떻게 팔아야 할 것인지 모르겠다는 것이고, 세 번째가 연구비용에 대해 지출을 많이해서 회사가 부도날 지경이라는 것이다.

그런데 위 세가지 문제는 선거캠프의 문제와 전혀 다르지 않다. 그 첫 번째로서 정책을 만들었는데 유권자가 관심을 갖지 않고, 두 번째로서 그 정책을 어떻게 홍보해야 할지 모르겠으며, 세 번째로서 정책을 만드느라 많은 시간을 허비했으니 난감하다는 것과 같다.

아무튼 중소기업의 이러한 고민은 그 회사 대표의 경영 오판에서 기인한 것이다. 대부분의 중소기업 사장들은 나름대로의 경영철학을 가지다 보니 최고의 제품을 만들어야 한다는 강박관념이 있다. 그도 그럴 것이 중소기업이 살아남으려면 제품이라도 최고여야 가능하지 않겠냐는 그런 절박한 심정에서 일 것이다. 하지만 제품의 완성도에만 신경 쓰다보니 연구개발비는 엄청나게 투자하면서 결국 제품의 포장지나 디자인은 형편없거나 수준이 매우 떨어지는 경우가 많다.

다시말해 최고의 제품을 만들 생각만 하고 그 제품의 상품성을 높혀줄 디자인과 포장에 대해서는 상대적으로 투자하지 않는다는 것이다. 현실이 이러니 중소기업의 고질적 문제가 해결되지 못하는 이유다. 즉 제품 연구개발비에만 투자하고 광고 홍보비용은 소액으로 홍보하려 하는 그 자체가 문제라는 것이다. 하지만 대부분이 대기업들은 광고비 예산을 연구개발비 못지 않게 투자하고 있으니 중소기업 제품이 홍보될리 만무하다. 삼성전자의 2010년 광고홍보비 예산이 2조원(연구개발비 5조원)인 것만 봐도 알 수 있을 것이다.

선거에 있어서 아무리 좋은 정책을 만든다 해도 좋은 정책을 만들기 위한 시간만 투자할 줄 알았지 어떻게 홍보할 것인가에 후보자 역시 투자하지 않는다. 또한, 정책을 만들면 선거 공보물에만 올릴 줄 알았지 이것을 어떻게 언론퍼블리시티 할 것인가 고민하지 않는다. 그러니 어떤 언론이 관심을 가질 것이며, 어떤 유권자가 관심을 가질 것인가 말이다. 위에서도 언급했지만 유권자가 후보자의 정보를 습득하는 과정이 길기 때문에 그 과정을 최대한 짧게 해줘야 한다. 그럼에도 불구하고 많은 후보자들이나 캠프는 사실상 그런 것에 별로 투자하지도 않고 발로 뛰려고 하지도 않는다.

기업은 돈을 투자하여 제품을 만들지만 후보자는 시간을 투자하여 정책을 만든다. 그 정책이 완성되면 홍보에 시간을 더 투자해야 한다. 최소한 정책을 만드는데 한달이 걸렸다면 그 정책을 홍보하는데는 두달은 더 뛰어야 한다. 하지만 선거판의 현실은 후보자 마저도 홍보물 디자인을 이렇게 해라 저렇게 해라 하며 지시하거나 사사건건 참견하는 예가 많은데 정말 한심한 일이다. 그런 것은 참모에게 맡겨두고 후보는 뛰어야 한다는 말이다. 홍보물에 십착하기 보다는 두 발로 뚜벅뚜벅 가는 것이 정석이다. 홍보물의 디자인이나 텍스트 성렬이 아무리 잘되어 있어도 유권자가 "어머 멋지게 만들었어요. 너무 너무 너무 감동스러워요. 꼭 찍어 드릴께요!"라고 말하는 유권자는 대한민국에 단 한명도 없다. 설령 홍보물이 어리숙해 보여도 후보자가 말하려고 하는 메시지만 정확히 전달하면 된다. 그럼에도 더 한심한 후보자는 자신 사진에서 점을 빼달라 주름을 펴달라고 하고 자신의 성공기를 가지고 아주 소설까지 쓰는 후보자 마저 있으니 그럴 시간이 있으면 차라리 낮잠이나 잘 것을 권고 드린다. 물론 선거홍보물은 캠페인 컨셉트에 따라 만들어야 함을 모르는 바는 아니지만 그런 것은 전문가나 참모들에게 맡겨도 충분하다는 말이다.

중소기업은 기업의 CI나 제품의 명칭을 정할 때 별로 투자하지 않는다. 그렇다보니 대기업 제품에 비해 퀄리티가 떨어지거나 명칭도 조잡한 편이다. 그런데 이러한 점은 정치 후보자들도 마찬가지다. 정책만 만들줄 알았지 그 정책의 슬로건이나 명칭에 대해 가장 효율적인 홍보컨셉을 잡지 않고 즉흥적으로 만드는 경우가 많다는 것이다. 최소한 나의 대표적 공약이라면 FGI(Focus Group Interview) 쯤은 했어야 옳다. 만일 그 정도 생각했다면 분명 훌륭한 명칭과 슬로건을 정할 수 있기 때문이다. 그런데도 대부분의 후보자들이 FGI 조차 하지 않는다. 그것을 한다고 해서 돈이 많이 드는 것도 아닌데 말이다.

또한, 대부분의 후보자들은 좋은 정책을 만들면 그 정책을 가르치려고 한다. 기업이 좋은 제품을 만들면 제품의 사용설명서를 연상되게끔 말이다. 그런데 그 어떤 대기업도 제품의 기능을 설명하는 광고는 없다. 대기업의 광고는 대부분 이미지 중심이지 상품중심이 아니다. 또한, 광고 슬로건도 상품과 직접적이라고 하기 보다는 상품의 이미지를 한마디로 표현한 것이 많다. 제품의 카다로그의 경우에도 시각적 이미지를 중시하는 반면 중소기업일 수록 조잡하게 기능설명 중심으로 만든다. 이것은 후보자가 만드는 선거홍보물이나 정책공약집도 마찬가지다. 선거는 캠페인이지 계몽이 아니다. 선거의 금기사항 중에도 "유권자는 계몽하지 않는다"라는 원칙이 있다.

뿐만아니라 정책선거의 전략중에는 이슈홍보 유도전략이 있는데 내가 만든 정책을 가지고 상대후보자에게 "토론회"를 제안하는 것이다. 토론회에 참석하면 주도권은 내가 갖는 것이고, 참석하지 않으면 상대후보는 옹졸한 후보가 되니 말이다. 결국 그 자체만으로도 이슈가 된다. 아무튼 정책선거에 있어 여러 전략들을 아느냐 모르느냐는 매우 중요하다. 이외에도 이슈전략은 언론퍼블리티 전략이나 이슈의 분열 및 삭감 전략등이 있다.

또한, 이번 2010년 전국동시지방선거부터는 정책홍보집을 배포할 수 있으니 전략적으로 연구를 많이 해야 할 것이다.

마. 이슈의 분열 및 삭감 전략

대부분의 정치후보자들은 이슈에 대해 너무 어려워하는 경향이 있다. 이 때문에 이슈하면 무언가 특별한 것, 무언가 색다른 것을 떠올린다. 그곳에 묘수가 있다고 생각해서인지 쉽게 생각해내지 못하는 것이다. 하지만 이슈란 그렇게 멀리있는 것이 아니며 멀리있는 것들은 이슈가 되지 못한다. 이슈의 3요소를 통해 설명했지만 만일 이슈의 대상이 대중의 관심사가 아니라면 그 이슈는 성공하지 못한다. 따라서, 이슈의 대상은 대중의 생활속에서 찾는 것이 정답이다.

또한, 후보자들에게 이슈를 찾으라고 하면 지역개발론에 한정되는 경향이 많다. 그러나 이슈란 반드시 지역개발과 직결된 문제일 필요는 없다. 오히려 정책이나 제도에서 찾을 수도 있고 생활속에서 찾을 수 있으며 상대 후보자에게서도 찾을 수 있기 때문이다.

반드시 이슈라고 하여 새로운 것을 창조하는 것만이 대상은 아니다. 이슈는 오히려 습관화 되어 있고 개혁해야 할 생활 속 환경이 이슈가 되기도 한다. 이렇듯 이슈의 대상을 고정관념으로만 쳐다본다면 보일리 만무하다.

하지만 막상 이러한 총론적 설명만으로 이슈를 만들어내라고 하면 후보자들은 당황할 것이다. 이슈를 찾아내는 것이 말이 쉽지 그렇게 쉽게 눈에 보이는 것이 아니기 때문이다. 이 때문에 중소기업은 제품을 만들기 위해 돈을 투자하지만 후보자는 많은 시간을 투자해야 한다. 또한, 시간을 투자하고서도 결국 이슈를 못찾아내는 경우도 종종 있을 것이다.

그러나 이슈라고 해서 반드시 나만의 이슈일 필요는 없다. 오히려 상대방의 이슈가 나의 이슈가 되기도 하기 때문이다. 미국 부시 대통령 후보는 나만의 이슈가 아니라 상대방의 이슈인 교육문제 즉 '바우처계획'을 발표함으로써 상대방 캠프를 당혹스럽게 했다. 이렇듯 상대방의 이슈를 먼저 제기함으로 인해 상대방이 이슈를 제거하는 것을 이슈의 분열 및 삭감전략이라고 한다.

상대의 이슈를 먼저 제기함으로 인해 상대의 이슈는 줄어든다. 결국 상대는 나보다 더욱더 이슈가 궁해지기 마련이고 이것은 이슈의 분열 및 삭감 전략이 된다. 하지만 여기서 중요한 것은 상대의 이슈라고 해서 상대의 것을 그대로 가져다 써서는 안된다는 것이다. 상대의 이슈지만 나만의 아젠다로서 만들어야 이슈가 되는 것이다. 교육문제가 비록 민주당의 이슈라고는 하지만 부시 대통령 후보는 온정주의 교육을 표방한 나만의 교육제도 즉 '바우처 계획' 을 발표함으로써 나만의 아젠다를 확실하게 굳혔다.

이러한 이슈의 분열 및 삭감 전략은 선거가 개시하기 이전에 상대가 이슈화할 수 있는 모든 것을 찾아서 내가 먼저 선점 및 해결해 버림으로 인해 상대를 곤혹스럽게 하는 전략에 해당한다. 상대후보는 나만의 이슈를 찾지 못한다면 결국 따라하기 공약으로 유권자에게 빈축을 살 것이 분명하기 때문이다. 이렇듯 이슈전략은 나만의 이슈를 터뜨리는 것만이 능사가 아니라 상대의 이슈를 분열 또는 삭감 시킴으로 인해 상대후보를 왜 지지해야 하는지에 대한 원론적인 유권자의 이해관계를 끊어버리는데 목적이 있다.

클린턴 행정부에서 이러한 전략을 이슈의 선점 · 해결이라고 불렀다. 경쟁상대와 동일시 되는 이슈들을 해결해 버린다면 상대의 기본적인 존재 이유가 사라지고 따라서 앞으로 상대가 성공을 거둘 기회도 그만큼 줄어들게 된다.

이슈의 선점과 해결 이면에 도사리고 있는 의도는 상대 정당을 지지하는 유권자들에게 그런 요인으로 작용한 여러 가지 문제들을 적극적으로 해결함으로써 동기부여의 효과를 제거하겠다는 것이다.

미국 대선에서도 교육과 환경, 노년층의 형편이나 상황이 개선되면 될 수록 민주당에 투표해야 할 동기는 그만큼 줄어든다. 또한 세금과 범죄율, 복지수준이 낮아지면 질 수록 공화당에 투표해야 할 이유도 그만큼 줄어든다.

선거전략에서의 이슈의 선점이란 새로운 이슈의 등장도 있으나 큰 의미에서는 상대의 이슈 해결을 통한 이슈의 선점도 존재한다. 전자는 작은 의미로서의 이슈의 선점이며, 후자는 큰 의미로서의 이슈의 선점이 된다. 무엇보다 중요한 전략적 선택은 후자에 있고 클린턴과 부시는 이러한 전략적 선택을 하게 된다.

그러나 이러한 상대방의 이슈를 해결함에 있어서 가장 중요한 것은 상대방의 방식을 그대로 모방해서는 안된다는 것이다. 즉 '나도 그렇다', '내 생각도 그렇다' 가 아니라 '나는 이렇다', '내 생각엔 이렇다' 로 접근해야 한다는 것이다. 이슈의 선점과 해결의 핵심은 상대방의 문제를 해결할 때 자신이 소속된 정당의 해결방안을 활용해야 한다는 것이며, 나만의 아젠다를 확보해야 한다.

이러한 이슈의 분열 및 삭감전략은 보기에 따라서는 야비한 전략이라고 할 수도 있지만 국민들은 전혀 그렇게 생각하지 않는다는 것이다. 상대당이든 상대후보든 먼저 제기한 쪽이 유권자가 원했던 정책을 먼저 반영한 후보라는 이미지가 더 남게 된다.

바. 이슈의 셈법

손자병법에 따르면 "주도권을 쥔 쪽이 승리한다"고 한다. 이를 선거전략으로 바꾸어 말하면 "이슈는 먼저 제기한 쪽이 주도권을 쥐게 되며, 주도권을 쥔 후보는 승리한다"로 바꾸어 말할 수 있다. 그만큼 이슈의 선점이 중요하다는 말이다.

그런데 많은 후보자들은 이슈에 대한 찬반이 존재할 때 두려움을 갖는다. 자칫 선거를 망칠까봐 그런 것이다. 하지만 이는 이슈의 셈법을 모르고 하는 말이다. 이슈가 있고 없고의 차이는 승패의 주도권이 있고 없고와 같다. 그럼에도 불구하고 그 찬반이 격돌하면서 오게되는 부작용을 두려워하는 것이다.

선거에서 이슈의 셈법이란 이렇다. 내가 만든 정책, 즉 이슈가 유권자에게 알려지게 되면 통상 그 정책(이슈)은 찬반으로 여론이 형성되게 되는데 이때 찬성이 50%, 반대가 50%라고 가정한다면 후보자의 입장에서는 추진 자체를 주저하게 된다. 하지만 이슈란 그 정책에 찬성하는 50%의 표는 그 정책을 제시한 후보가 모두 득표하는 반면 그 정책에 반대하는 나머지 50%는 다른 후보군이 표를 나눠 먹게 된다는 것이다.

다시말해 후보군이 A와 B만 존재한다면 모를까 A, B, C, D가 있다면 정책을 제시한 A가 50%를 득표하는 반면 이슈를 제기하지 않은 B, C, D가 나머지 50%를 나누어 먹는다는 것이다. 그렇다면 결국 이슈를 제기한 A의 승리는 굳어지게 되는 셈이다. 이것이 이슈의 셈법이다.

이렇듯 이슈를 먼저 제기하는 쪽이 주도권을 잡으며, 그 주도권을 잡는 사람이 승리한다는 논리도 여기서 나온 것이다. 다만, 그 정책의 지지도가 50% 미만이라면 오히려 문제가 될 수도 있으니 정책을 만들때 민의(民意)를 살펴서 만들어야 할 것이다

3. 언론퍼블리시티 전략

정책선거에 있어서 언론퍼블리시티 전략은 매우 높은 가치를 가지는 전략이다. 잘만 활용하면 돈 한푼 쓰지 않고 나에 대한 좋은 이미지와 정책을 손쉽게 홍보할 수 있기 때문이다. 그런데 대부분의 후보자들은 언론퍼블리시티를 활용할 줄 모른다. 특히 기초의원 후보들은 더욱 그러하다.

광역단체장이나 기초단체장 후보의 경우에는 그나마 조금 익숙하여 활용하는 편이지만 그 역시 효과적으로 활용하지는 못한다. 선거에 있어서 퍼블리시티는 매우 중요하다. 그렇기 때문에 정치권에 회자되는 이야기 중에는 "자기 자신의 부고 기사만 빼고 다 나와야 한다"는 말이 있을 정도다. 그런데도 퍼블리시티 전문가 하나없는 경우가 대부분이니 언론퍼블리시티가 될리 만무하다.

언론퍼블리시티 전략이란 후보자의 정책이나 정견을 언론에 노출시켜 유권자에게 효율적으로 알리는데 그 목적이 있다. 그러나 언론퍼블리시티 전략은 반드시 이야기꺼리가 있어야 기자들이 관심을 갖는다는 것이다. 다시말해 기자들과 유권자들이 관심을 가질 수 있는 대상이 있어야 하는데, 그것이 1회성이 아니라 기자들이 지속적으로 궁금하도록 시리즈의 형태로 만들어야 한다는 것이다.

기사들은 이슈가 없는 후보에 대해서는 관심도 없다. 하지만 그 반내로 이야기꺼리가 있는 후보에 대해서는 관심을 가진다. 이 때문에 후보자들이 조금만 시간을 투자해 아주 훌륭한 이야기꺼리와 그를 바탕으로한 언론보도자료를 만들어 기자들에세 배포할 수 있다. 후보자의 생각과 후보자의 정책, 후보자의 정견은 그 대상이 무엇이냐에 따라 기자의 관심도가 확연히 달라진다.

이때 언론보도자료가 매우 큰 역할을 하게 되는데 언론보도자료란 기자가 써야할 기사를 후보자나 캠프가 대신 써주는 것과 같다고 생각하면 정답이다. 기자가 기사를 쓸 시간과 노력에 대해 미리 헤드라인을 뽑고 기사 내용을 정리하여 여러 자료와 함께 기자에게 전달해 준다면 기자로서는 그보다 더 좋은 경우가 없다. 그렇기 때문에 언론보도자료만 잘 써도 후보가 언론에 쉽게 노출되며 홍보효과를 톡톡히 볼 수 있는 것이다.

대부분의 정치신인들이 현행 선거법상에서 자신을 알릴 방법이 없다고 푸념하지만 언론퍼블리시티 하나만 잘해도 유명인사가 될 수 있는 것이다. 정치신인들이 잘 알려지지 않은 것은 게으르거나 언론퍼블리시티를 잘 모르거나, 언론보도자료의 중요성을 이해하지 못하는 경우가 대부분이다.

아무튼 지속적으로 언론퍼블리시티를 하기 위해서는 이야기꺼리가 필요하다. 특정 이슈나 사안을 가지고 언론퍼블리시티 계획을 잡는다면 시리즈 형식으로 나갈 수록 좋다. 왜냐하면 사안이 바뀔때마다 새로운 기사꺼리가 제공되기 때문이다.

지역언론사의 경우 언론사 마다 원고마감일이 다른데 이점을 미리 파악해 두었다가 2~3일전 언론보도자료에 사진을 첨부하여 제공해야 한다. 대개의 지역언론사는 원고마감일이 다가오면 기사꺼리에 스트레스를 받기 때문에 특별한 하자가 없는 이상 실어주는 경우가 많다.

특히 여론조사 데이터나 여러 통계수치를 활용하는 것이 좋다. 기자들은 이러한 숫자놀음에 매우 약하다. 무언가 노력한 흔적이 보여서일까! 아무튼 적절한 조사나 통계를 활용하는 것도 한 방법이다.

언론퍼블리시티 전략은 후보자의 또다른 홍보물에 해당한다. 돈도 들이지 않고 언론에 지속적으로 노출된다면 인지도와 후보의 상품성이 올라가기 때문이다. 물론 홈페이지, 블로그 등 온라인 전략과 함께 혼용하여 추진한다면 더욱 효과적이다.

4. 구전홍보(사면초가) 전략

구전홍보란 선거에 있어서 약방의 감초처럼 널리 쓰이는 전략 중 하나이다. 그만큼 구전홍보 전략은 일반화 되어 있다는 말이다. 하지만 의외로 구전홍보가 무엇인지에 대해 정확하게 알고 있는 후보는 그리 많지 않다. 일부 전략가들 조차도 구전홍보에 대해 그저 소문만 내면 된다는 식이고 전략적 의미나 구전홍보 방법에 대해 모르는 경우가 의외로 많은 것이 현실이다. 그렇다 보니 유언비어나 흑색선전 살포에 대한 선거법 위반으로 역공을 당하기 십상이고 사실이라 해도 별 효과를 못보는 경우가 대부분이다.

구전홍보의 기본적인 목적은 사면초가(四面楚歌) 전략에 있다. 쉽게 말하자면 고도의 심리전으로 적의 사기를 꺽고 혼란을 틈타 적을 와해 시키는데 그 목적이 있다는 것이다. 이러한 전략의 내용을 잘 이해하지 못한다면 전략을 완성시키기 어렵다. 구전홍보는 단순히 소문을 내는 정도로 그치는 것이 아니라 전략에 의한 고도의 심리전을 말한다.

사면초가(四面楚歌)의 어원은 진(秦)나라를 무너뜨린 초(楚)나라 왕 항우와 한(漢)나라 왕 유방이 홍구를 경계로 천하를 양분하고 휴전 세의를 통해 5년간에 걸친 패권 다툼을 멈춘(B.C. 203) 사건에서 시작된다. 항우의 휴전 제의를 유방이 받아들인 것이다.

초나라 왕 항우는 곧 도읍인 팽성을 향해 철군(撤軍) 길에 올랐으나 유방은 휴전 제의를 거스르고 말머리를 돌려 항우를 추격했다. 이윽고 해하(垓下)에서 항우는 한나라 대군에게 겹겹이 포위된다.

항우의 초나라 진영은 군사가 격감 한데다가 군량마저 떨어져 사기가 말이 아니었다. 하지만 전면전이 벌어질 경우 한나라 진영도 승리를 장담할 수 없는 상황이었다. 이때 한나라 왕 유방은 고도의 심리전을 사용하게 되는데 그것이 사면초가(四面楚歌) 전략의 어원이 된다.

결전을 앞두고 한밤중에 사면에서 구슬픈 초나라 노래[四面楚歌] 소리가 들려와 항우는 깜짝 놀랐다. "아니, 한나라가 벌써 초나라를 다 차지했단 말인가!"

이미 끝장났다고 생각한 항우는 결별의 주연을 베풀었고 초나라 군사들은 그리운 고향 노랫소리에 눈물을 흘리며 앞다투어 도망쳤다. 한왕(漢王) 유방은 항복한 초나라 군사들로 하여금 고향 노래를 부르게 하여 초왕(楚王)인 항우가 초나라가 멸망했다는 오해를 불러일으키고 초나라 군사가 전의를 상실한채 스스로 고향으로 도망치도록 고도의 심리전을 편 것이다.

결국 항우는 포위망을 뚫고 탈출하였으나 군사와 자제(子弟)들을 다 잃고 혼자 돌아가는 것이 부끄러워 자결하고 말았다(B.C. 202).

사면초가전략은 위와 같이 고도의 심리전을 말한다. 직접적인 유언비어나 흑색선전을 하는 것이 아니라 적이 스스로 '그렇다' 고 오인하도록 유인책을 사용하는데 있다.

필자는 선거캠프에서 간혹 구전홍보 전략이라는 보고서를 보곤 하는데 그

내용만 무려 A4 서너장 이상인 경우가 대부분이다. 구전홍보는 말 그대로 구전홍보다. 짧으면 짧을 수록 좋고 내용이 아주 간결하며 이미 인식되어 있는 것을 바탕으로 평소 대화하는 수준이어야 한다. 일부러 외우지 않으면 안 되는 A4 한 장 이상의 분량은 더 이상 구전홍보가 아니다.

캠페인 전략에서 말하는 50대 중졸의 여성시각으로 봐도 '아 그렇구나' 라고 이해가 쉬워야 한다. 필자는 구전홍보 전략을 짤 때 20글자가 넘지 않는다. 사실 20글자도 많다. 굳이 보고서를 쓸 필요성도 못느끼는 것이 구전홍보 전략이다. 말이 길면 길수록 어려워지고 그것은 구전홍보가 아니라 계몽 전략에 해당한다.

사변조가(사면에서 울리는 초나라의 노래) 역시 초나라 군사 입장에서 본다면 이미 다 알고 있는 노래에 지나지 않았다. 아주 쉽고 유권자가 아는 내용을 확산시키는 것이 구전홍보 전략의 기초가 되는 것이다.

고도의 심리전은 대세에 영향이 미칠 정도로 대단히 무서운 전략중 하나다. 사실 제16대 대통령선거에서 조작된 이회창 후보 아들 병역비리 사건이 노무현 후보와 직접적인 상관이 없다해도 이러한 김대업 조작사건으로 인한 구전홍보 효과는 부정할 수 없을 것이다.

아무튼 노무현 캠프는 이회창 후보 아들의 병역비리 사건을 집요하게 공격했고 많은 사람들이 구전을 통해 "아니 땐 굴뚝에 연기나겠어" 라는 의혹이 확신의 단계로 전이된 것이 사실이다. 필자는 구전홍보 전략의 중요성을 말하기 위해 위와 같은 직설적 예시를 든 것인 뿐이므로 별도의 오해는 없었으면 한다.

구전홍보가 유권자에게 확신의 단계까지 이르기에는 그리 오랜 시간이 걸리지 않는다. 만일 A라는 사람이 길을 지나가다가 우연히 "관악산에 호랑이가 나타났대"라는 말을 들으면 '말도 안되는 소리' 라고 생각하며 처음엔 피식 웃어 넘길 것이다. 그런데 곧이어 A가 음식점에 갔는데 손님들로부터 "관악산에 호랑이가 나타났대"라고 또 들으면 고개를 갸우뚱 거린다. '정말 나타났나?' 그러다가 또 우연히 미용실에 갔는데 미용실 아주머니가 "관악산에 호랑이가 나타났대요"라고 하면 A는 '정말 나타났구나' 라고 확신의 단계로 접어들게 된다.

이후 A는 B에게 "관악산에 호랑이가 나타났대"라고 말하게 되는데 이때 B가 "거짓말 하지 말라"고 하면 A는 길에서 마주친 사람보다, 음식점 손님보다, 미장원 아주머니 보다 더 확신을 가지고 "호랑이가 나타났다니까"라며 강조한다. 본적은 없으나 자기 확신에서 자기합리화 단계로 넘어가 더 강조하게 된 것이다.

구전홍보는 이렇듯 본적도 없는 추상적 거짓도 반복하여 듣게되면 사실로 착각하게 되고 자기합리화를 위해 자기확신 단계를 먼저 거치게 된다. 이러한 자기확신 단계를 거칠 경우 본 것보다 더 확실하게 확신함으로서 타인에게 전달하는 전파력이 더 강해지게 된다.

선거에 있어서 구전홍보 전략은 매우 중요한 전략임이 틀림없다. 하지만 구전홍보에도 심각한 부작용이 있으니 그것은 거짓된 구전홍보가 대표적이다. 만일 의도적으로 상대후보에 대해 허위사실을 가지고 악의적으로 유포할 경우 허위사실유포죄는 물론 명예훼손죄도 성립된다. 따라서, 이러한 구전홍보는 네거티브 중심이 아닌 정책홍보용으로 사용한다면 법률적 문제도 없고 자신의 정견과 정책을 수립 홍보하는데도 효과적일 것이다.

오늘날의 선거는 점차적으로 네거티브에서 포지티브로 변화되고 있다. 유권자는 이미 치고받고 싸우는 모습의 후보자들을 경멸하는 단계까지 올라와 있고 그러한 네거티브 모습을 전혀 반기지도 않는다. 따라서, 이러한 구전홍보 전략은 정책선거를 실현하는데 있어서 유권자 홍보용으로 활용한다면 건전한 정책선거 문화 확립에도 도움이 되고 후보자의 당락에도 영향이 미칠 것이다.

5. 밴드왜건(Bandwagon)전략과 언더독(Under Dog)전략

선거에서 흔히 사용되는 전략 중 하나가 밴드왜건(Bandwagon)전략과 언더독(Under Dog)전략이다.

밴드왜건(Bandwagon)전략이란 유권자들은 승리할 가능성이 큰 후보를 더욱 더 지지하게 되는데 이러한 유권자의 심리를 이용해 대세론을 형성하고 그 대세론으로 하여금 상대후보의 예기(銳氣)를 꺾는 전략을 말한다. 이러한 밴드왜건 전략은후보자의 이미지까지 영향이 미치게 되는데 상대후보보다 큰 인물임을 강조하여 선거판 자체를 리드하는 견인차적 지위를 확보하게 된다.

이러한 밴드왜건 전략의 이면에는 유권자가 알지 못하는 엄청난 셈법이 숨어있다. 선거란 통상 후보자가 A, B, C, D 여러명이 존재하게 되는데, 이때 가장 지지도가 높은 후보측에서 C와 D를 선거초반에 유권자의 관심사에서 배제 시킴으로 인해 C와 D의 득표력을 A가 흡수하고 결국 선거의 구도를 “A냐 A아니냐”의 전선으로 끌고가기 위함이다.

선거는 보통 인위적인든 자연적이든 간에 결국 "A냐 B냐", "A냐 A아니냐"의 구도로 형성된다. 위 두가지 모두 장단점이 존재하는데 "A냐 B냐"는 "중도층다가서기 전략"을 사용할 때 구도를 만드는 것이며, "A냐 A아니냐"는 "갈라치기 전략"을 사용할 때 구도를 만드는 것이다. 이러한 구도의 선택권은 지지도가 앞서고 있는 A후보가 취할 수 있다.

오늘날에 있어서 밴드왜건 효과는 보통 여론조사 결과가 언론을 통해 공표됨으로 인해 발생되는 경우가 많고 이 때문에 언론사가 사실상 밴드왜건 전략의 요충지가 된다. 특히 언론사의 특성상 여론조사 등 숫자가 기재된 보도자료를 좋아하는 특성이 있어 기사화 되기 쉬우며 유권자 역시 후보자들의 지지도에 관심이 많아 보도되게 되는 것이다. 물론 이것이 선거법상의 위법함이 있는 것은 아니지만 선거에 영향이 미치고 있음은 무시할 수 없는 현실이 되었다.

또한, 밴드왜건 효과의 또다른 한 축은 바로 선거의 3요소에서 설명한 바람(정당) 때문에 발생하는 경우도 있는데, 예를 들어 제17대 총선의 경우 "노무현 대통령 탄핵" 문제로 인해 수도권의 한나라당 후보자들 대부분이 전멸하다시피 낙선을 했다. 이러한 바람은 캠프 하나 하나의 전략보다 바람이라는 형태의 대세적 영향이 미쳐 전국적으로 "A냐 A아니냐"의 전선으로 형성되어 A에게 유리한 밴드왜건 효과까지 발생시키는 것이다. 하지만 모든 전략과 전술속에는 맞대응을 할 수 있는 상반된 전략과 전술이 존재하는데 밴드왜건(Bandwagon)전략의 반대 개념인 언더독(Under Dog)전략이 그것이다.

언더독(Under Dog)전략이란 약세 후보가 유권자들의 동정을 받아 지지도가 올라가도록 유도하는 전략을 말한다. 여론조사 전문가들은 밴드왜건 효과와 언더독 효과는 대부분 동시에 발생하기 때문에 여론조사 발표가 선거

결과에 미치는 영향은 중립적이라고 보는 이유도 여기에 있다.

아무튼 언더독(Under Dog)전략은 밴드왜건 전략을 맞아 방패와 같은 역할을 하게 되는데 언더독 전략의 근간은 "감성정치"이다. 제17대 총선을 앞두고 한나라당의 추락한 당 지시노를 올리기 위하여 박근혜 대표가 추대되는데 이때 박근혜 대표의 전형적 "감성정치"로 인해 한나라당은 일정기간 언더독 효과가 발생했다. 이렇듯 밴드왜건 효과의 상반된 전략이 언더독 전략인 것이다.

그러나 언더독 전략의 최근 경향은 상대후보의 밴드왜건 효과와는 관계없이 포지티브 전략의 한 축으로서 독립적으로 행해진다는 것이다. 다시말해 지지도가 높은 A후보라 하여 반드시 밴드왜건 전략을 사용하는 것이 아니라 혹시 모를 역풍을 피하기 위해서이거나 지지자를 결집시키기 위해 선택적으로 언더독 전략을 실행한다는 것이다. 뿐만아니라 후보자의 고유이미지가 온건할 경우 그 이미지를 지켜내기 위해서도 언더독 전략이 사용된다. 이렇듯 사회의 다변화와 맞추어 전략도 사안에 따라 결정되고 있다.

6. 전화홍보 전략

대부분의 후보사들은 선화홍보팀을 운영하고 있다. 솔직히 별로 효과가 있을 것이라고 생각해서라기 보다는 상대후보도 하니까 나도 한다는 생각에 운영하는 경우가 많다. 하지만 솔직히 어떤 유권자가 전화홍보팀의 지지호소를 듣고 한표를 던져줄지는 의문이다.

"안녕하세요. 여기는 변사또당 홍길동 후보입니다. 저희 홍길동 후보 아시죠? 꼭 지지해 주세요. 감사합니다." 이 기계음 같이 들리는 전화홍보 사무원의 말을 듣고 어떤 유권자가 "어머 그러세요. 너무 감동스러워요. 꼭 한표 찍어드릴께요"라고한단 말인가. 간혹 지지한다는 사람도 있지만 그것은 전화홍보팀 사무원의 이야기를 듣고 마음이 움직여서가 아니라 그 유권자는 변사또당 또는 홍길동을 원래부터 지지했던 사람이거나 친절하게 전화를 받는 평소 습관이 몸에 배어있기 때문이다.

다시말해 지지할 만 하니까 그렇게 말하는 것이지 전화홍보팀 사무원의 이야기를 듣고 감동스러워서가 아니란 말이다. 이점에 있어서는 수많은 후보자들은 반성해야 하며, 이런 전화홍보는 소음에 불과할 뿐 그다지 효율적이지 않다. 바른 정치를 하겠다는 후보자들이 유권자들에게 소음을 제공하다니 이게 바른 "정치문화의 시발점이란 말인가" 말이다.

간혹 후보자들 중에는 필자의 이런 논리에도 불구하고 선거시기에 하는 전화홍보는 지지를 얻기 위해서 하는 것이 아니라 인지도 향상에 도움이 되며, 다소 일방적인 전화라 유권자는 다소 시달리지만 인지도 상승은 곧 지지도 상승과 크게 다르지 않다는 논리를 펴는 분들이 있다. 즉, 전화홍보의 필요성을 말한 것이다.

솔직히 말하자면 그 후보자의 논리는 틀린 말이 아니다. 필자도 실전에 능통한 정치컨설턴트이니 옳은 말을 틀렸다고 하면 이 책은 그저 실전도 모르는 사람의 허황된 이야기가 되기 때문이다. 그러나 필자가 말하고 싶은 것은 효율성에 대한 문제이다. 전화홍보팀 사무원은 선거캠프의 규모(기초단체장 또는 기초의원)에 따라 다소 차이가 있긴 하지만 기초단체장의 경우 통상 20~30여명으로 구성되는 것이 통례이다. 그런데 20~30여명의 전화홍보팀 사무원 인건비와 시설비, 통화료 등은 효과에 비해 매우 비과학적이며 많은 비용을 발생시킨다. 차라리 이러한 비효율적 전화홍보팀을 구성하느니 그 인원으로 정책홍보를 하면 어떨까! 아마도 정책 하나만큼은 효과적으로 홍보할 수 있을 것 같은데 말이다.

그 많은 전화홍보팀 요원들이 후보자의 정책이 기록된 티셔츠를 입고 유권자에게 알린다면 "후보자 = 정책"이라는 이미지 하나 만큼은 확실히 심어줄 것이다. 그것이 인지도 하나를 만들더라도 제대로 된 인지도를 만드는 것이다. 거품속 인지도는 한순간에 꺼지지만 제대로 된 인지도는 지지도와 직결되기 때문에 더욱 효율적이다. 유권자는 전화 소음에 시달리지 않아서 좋고 후보자는 정책을 홍보할 수 있어서 더욱 좋다.

그래도 전화홍보팀을 굳이 운영해야겠다고 생각한다면 그저 기계음처럼 들리는 그런 전화홍보는 하지 말기를 바란다. 효과도 없고 내용도 없으며 유권자에게는 소음에 불과하기 때문이다.

가장 좋은 전화홍보는 바로 "메시지"다. "홍길동 후보를 아시죠. 기호 0번 홍길동 후보를 꼭 찍어주세요"가 아니라, "홍길동 후보의 변강쇠 정책을 아십니까. 이 변강쇠 정책은 엄청 쎄답니다"가 좋다. 유권자는 홍길동에 대해 아무 관심도 없고 정치 그 자체에 혐오증을 가지고 있기 때문에 정책선거로 유도하는 것도 좋은 방법이다.

가끔씩 필자는 전화홍보팀을 두고 포격부대와 비교해서 말한다. 쉽게말해 포격부대는 포격부대 다워야 한다는 지론이다. 아무런 효과도 없는 포탄은 수만발 날려봐야 먼지만 날릴 뿐이고, 괜히 먼지만 나는 그런 포탄을 쏜다면 적들도 웃고 유권자만 그 먼지에 시달려야만 한다는 것이다. 선거라고 해서 반드시 상대후보를 비난해야 한다는 네거티브적 아류 생각은 버려야 하며, 전화홍보라 하여 반드시 유권자에게 우리 후보의 이름 석자를 알려야 한다는 그런 고정관념은 버렸으면 한다. 그것이야말로 21세기를 사는 최첨단 시대에 맞지도 않는 싸구려 선략이기 때문이다.

이제는 전화홍보도 우리가 사는 21세기에 맞게 유권자가 듣고 싶은 이야기,

재미있고 유익한 이야기로 바꾸자. 유권자가 전화홍보 내용에 재미없어 한다면 차라리 재미있는 개그 하나 들려주면 어떨까 싶다. 오히려 유권자는 재미있는 개그 하나에 더 관심을 가질지도 모른다.

"안녕하세요. 여기는 홍길동 후보 사무실인데요. 오늘 남편분 집에 들어오시면 들려드리라고 재미있는 얘기하나 가르쳐 드릴께요" 이게 차라리 좋다. 상대후보가 유권자에게 짜증나는 전화홍보를 한다면 우리쪽 후보는 "개그" 한토막으로 즐거운 메시지를 남기자. 그게 더 효과적이고 유권자의 기억에도 후보의 좋은 이미지가 기억되기 때문이다.

"혹시 오대양 육대주가 뭔지 아세요"
"글쎄요.."
"김양, 이양, 최양, 박양, 조양이 오대양이구요. 소주, 맥주, 양주, 탁주, 백세주, 경주법주가 육대양이래요"
이게 차라리 신선하고 좋다.

무조건 우리 후보를 지지해달라고 해봐야 상대표가 우리표로 전환될리 없다. 그리고 기왕 돈들여서 하는 것이라면 더 효과적으로 하자. 괜히 유권자도 피곤하고 캠프 관계자도 피곤한 스타일은 이제부터 버리자는 말이다. 일본의 선거전략을 보면 참 아기자기한 전략들이 많다. 홍보물의 디자인부터 유권자에게 다가가는 캠페인 기법까지 말이다. 특히 전화홍보에 있어서는 더 그렇다.

아래의 예시표는 통상적인 전화홍보에 필요한 매뉴얼이다. 참조하시기 바란다.

Tip 전화홍보 매뉴얼

1. 전화걸기 전에 확인 할 사항

☞ 후보자에 대한 주요 경력사항과 공약 · 홍보논리 등을 숙지하고 자리에 비치.

☞ 전화명부를 보고 응답자의 인적사항(출신지 · 성별 · 사는 곳 · 연령 등)등을 확인한 후 상대방에 맞춰 적절히 대응.

2. 전화를 걸면서

☞ 응답자의 반응을 살핀 후 적절한 내용으로 대응.

▶ 우호적인 응답자

→ 투표참여 및 가족 등 주위 사람에게 지지 부탁

▶ 부동층 및 일반유권자

→ 지역발전의 대안으로 000후보 선택 부탁

▶ 비우호적 응답자

→ 경청한 후 공손히 전화를 끊는다.

☞ 정책 · 공약사항 등 답변이 어려운 사항은 정책담당자가 답변을 하고 상대방의 인적사항은 반드시 메모하여 특이사항 란에 기록한다.

☞ 사무적인 말은 절대 금물, 최대한 친숙하고 공손한 어투로 대화를 이끌어 낸다.

☞ 반드시 응답자가 수화기를 내려놓는 것을 확인한 후 끊는다.

3. 전화를 걸고나서

☞ "지지여부"란에 반응을 기록한다.

적극지지 = ◎ 지지 = ○ 태도유보 · 표명안함 = △

반대 = × 통화불능 = ∨

☞ 전화홍보 분석표를 작성한 후 책임자에게 반드시 전달한다.

☞ 타 후보의 불법선거 관련 내용 제보나 중요한 사항은 즉시 책임자에게 전달한다.

4. 항의전화 대응법

☞ 내 연락처를 어떻게 알았냐에 대한 항의 : 공개된 전화번호부를 보고 연락한 것임을 강조.

☞ 모든 항의 전화는 최대한 친절하게 응대하며 통화내용을 기록해 둔다.

5. 전 화 예 절

① 신원을 확실하게 밝힌다.

② 유권자에게 전화를 건 목적과 이유를 먼저 말한다.

③ 따뜻하고 친밀함을 느낄 수 있도록 말한다.

④ 매너와 에티켓을 지킨다.

⑤ 간결하고, 알아듣기 쉽게 말한다.

⑥ 목소리의 높낮이를 조절하고, 억양에도 신경 쓴다

⑦ 상대방의 이야기를 경청한다.

⑧ 항상 메모한다.

⑨ 송화자의 응답 없이 내버려 두지 않는다.

⑩ 통화의 마무리가 중요하다.

⑪ 감정을 관리한다(자신감 : smile, 긍정적 사고)

※key point : **신속, 정확, 친절**

Tip 전화홍보 스크립트

구 분	내 용	
처음인사	○ 안녕하세요? 00에 출마한 000당 기호0번 000후보 선거사무실 입니다. 잠시 시간을 내주실 수 있겠습니까?	
유권자 반응	**긍정적 반응**	**부정적 반응**
홍보원 대응	○ 이번 선거에서 000후보를 도와 주십사 해서 전화 드렸습니다.	o 예, 실례 많았습니다.
유권자 반응	**호의적 일때**	**바쁘다는 등 통화기피 경우**
홍보원 대응	○ 예, 정말 감사합니다. 앞으로도 000후보를 많이 도와주십시오. 기대에 어긋나지 않도록 열심히 하겠습니다.	○ 실례 많았습니다.(대단히 죄송합니다) 좋은 하루 되시구요, 기호0번 000후보 꼭 기억해 주십시오.
유권자 반응	**반응이 불분명한 경우**	**비판, 비우호적인 경우**
홍보원 대응	○ 정말 감사합니다. 아무래도 서민경제가 어려울때는 00정책을 앞세운 홍길동 후보가 적임자 입니다. **〈지역에 맞는 논리개발〉** 00정책으로 우리지역을 발전시킬 홍길동 후보를 꼭 지지해 주시기 부탁드리겠습니다. 기대에 어긋나지 않도록 열심히 하겠습니다.	**1) 당 관련** 예, 부족한 점도 있습니다. 그래도 00정책으로 우리 지역을 발전시킬 유능한 후보를 뽑아야 하지 않겠습니까? 정당과 관계없이 지역발전을 위해서 기호0번 홍길동 후보를 도와주십시오. 열심히 하겠습니다. **2) 후보 관련** 예, 홍길동 후보가 맘에 들지 않은 점도 있을 겁니다. 그래도 개똥이당 홍길동 후보가 적임자라고 생각합니다. 00정책으로 우리 지역을 발전시킬 홍길동 후보를 도와주십시오. 정말 열심히 하겠습니다.
유권자 반응	**호의적, 무반응인 경우**	**적대적인 경우**
홍보원 대응 (마지막 인사)	o 예, 고맙습니다. 주위 분들에게 기호0번 000후보 홍보 좀 잘해 주시고요, 0월 00일 꼭 투표해 주십시오. 좋은 하루 되세요. 안녕히 계십시오.	o 예, 고맙습니다. 좋은 하루 되시구요, 안녕히 계십시오.

Tip 전화홍보 스크립트

작성일시: 작성자: 지역:

적극지지	지지	유보	반대	총통화	특이사항
유권자 반응도 보고					
					홍보요원용

위 매뉴얼과 전화홍보 스크립트, 전화홍보 집계표는 그대로 따라하라고 예시를 든 것이 아니라 이를 활용하여 실정에 맞는 스크립트를 만들라고 정리한 것이다. 필자는 전화홍보팀을 권고하지는 않으나 기왕할 것이라면 효율적으로 운영하는 것이 좋지 않을까 싶다.

7. 온라인 전략

가. 온라인 전략의 활용

많은 후보자들은 온라인 전략에 대해 오해를 하고 있는 것이 있다. 대부분의 후보자들은 홈페이지를 만들면 마치 온라인 전략이 완성된 것으로 생각하니 말이다. 하지만 홈페이지든 카페든 블로그든 간에 그것을 만들었다고 온라인 전략이 끝난 것이 아니라 그 때부터 시작된다는 사실이다.

또한, 많은 후보자들은 홈페이지를 만들면 참으로 많은 네티즌이 방문할 것이라는 착각에 빠진다. 그러나 현실은 전혀 그렇지 않다. 하지만 많은 네티즌이 오지 않는다고 실망할 필요는 없다. 어차피 올사람만 오는 것이 정치 홈페이지니까 말이다. 정치인의 홈페이지 기능은 온라인상에 있는 선거사무소 정도로만 이해하면 된다. 즉, 내 지지자들이나 상대 지지자들이 우리 후보의 선거정보를 나누는 인터넷상의 공간이라는 것이다. 이렇듯 불특정 다수인인 유권자가 들어오는 경우는 그리 많지 않다.

선거를 치러본 후보라면 잘알겠지만 처음 선거를 치루는 후보자들은 홈페이지를 만들며 선거운동의 목표층을 20-30대의 젊은 네티즌을 겨냥하는 경우가 대부분이다. 하지만 실전은 다르다. 후보자 홈페이지의 주 Target층은 고정지지층(마니아)이다. 이를 결집하고 이들이 선거운동에 흡수, 동화, 결집되도록 하는 것이 온라인(홈페이지, 카페, 블로그 등) 선거운동의 목적이 된다.

최근 후보자들은 홈페이지를 별도로 제작하지 않고 무상으로 제공하는 것을 사용하거나 개인홈피를 활용하는 경우가 있는데 필자의 견해는 조금 다르다. 무상으로 제공하는 것들은 사이트 주소가 복잡하고 검색창에도 쉽게 노출되지 않아 네티즌의 접근성을 떨어뜨린다. 홈페이지의 생명은 접근성에 있다. 따라서 구색을 맞추기 위한 정도로 온라인 전략을 생각한다면 모를까 아니라면 개별 홈페이지를 가지고 있는 것이 바람직하다.

또한, 홈페이지나 카페 및 블로그는 자유게시판의 활용도가 가장 높기 때문에 활용전략을 마련하는 것이 좋다. 자유게시판에 이미지나 영상물을 올릴 수 있는 기능 마련도 기본이 된다.

나. 온라인 캠페인의 원칙

온라인 전략의 발전은 사실상 제16대 대통령 선거에서 노무현 후보 지지그

롭인 노사모를 통해 활성화 되기 시작했다. 그 이전만 해도 온라인 전략은 그저 구색맞추기식의 홈페이지가 전부였을 정도니까 말이다. 하지만 IT분야의 발전과 더불어 인터넷상의 캠페인은 상상 이상으로 선거에 영향이 미치고 있으며 페러디나 UCC의 발전과 함께 더욱 더 성장할 것으로 보인다.

하지만 온라인 전략에 대해 대부분의 후보자들이 잘 모르는 경향이 많고 어떻게 홈페이지를 만들어 운영해야 하는 것인지 조차 모르는 경우가 많다. 그렇다보니 홈페이지를 통한 후보자의 홍보도 미진할뿐더러 크게 관심을 갖지 않는 것이 일반적이다. 이는 수도권을 제외한 농어촌지역이 더 그러하다. 그러나 이는 후보자들이 잘 모르고 하는 말이다. 물론 홈페이지 등의 온라인 전략이 대통령 선거가 아닌 지방선거의 경우에는 당락에 크게 영향을 주지 않는다는 지론에는 동감하지만 그것은 어떻게 운영하느냐에 따라 조금씩 다른 것이고, 농어촌지역이라 하더라도 젊은 층들이 존재하며 오히려 농어촌 지역에서 선거에 관심이 많은 층들은 오프상에서 출마후보자에 대한 정보 취득(정책 및 공약 등)이 어려워 인터넷을 활용하는 경우가 수도권 보다 더 높기 때문이다. 또한, 후보자의 당락은 수천표 차이로 결정되는 경우도 있지만 겨우 수백표에서 수십표 이내로 결정되는 경우도 있으니 홈페이지 운영 전략 하나만 잘 만들어도 당락에 전혀 영향을 주지 않았다고 할 수만은 없을 것이다.

이러한 온라인 전략은 아무렇게나 구성하는 것이 아니라 몇가지의 캠페인 원칙이 존재하는데 아래와 같다.

(1) 온라인 캠페인의 핵심 목표 계층은 20~30대가 아니라 지지층(마니아)이다

많은 후보가 대다수의 네티즌이 20~30대라는 생각으로 이들을 대상으로 온라인 캠페인을 전개하고 있다. 그러나 조사해보면 후보자의 지지층만이

후보자의 홈페이지를 방문하거나 게시판에 답변을 한다는 것을 알 수 있다. 따라서 불특정 다수인이 아닌 지지층을 대상으로 하는 온라인 캠페인을 해야 한다. 그러기 위해서 '후보자 지지층이 누구냐'에 대한 연구와 그들을 대상으로 '어떤 이슈를 가지고 어떻게 캠페인 할 것이냐'를 가장 우선적으로 고려해야 한다.

Tip 노사모

"노사모"가 20-30대를 겨냥한 인터넷 선거운동의 결과라고 주장할 수도 있는데 이는 명확한 오류다. 즉 노무현 후보를 지지했던 마니아층이 20-30대가 많아서 그런 결과가 나온 것이지 인터넷 선거운동의 결과로 '20-30대 층으로 구성된 노사모'가 만들어진 것이 아니기 때문이다.

(2) 홈페이지 효과는 2~3개월 후에 서서히 나타난다

상시 선거운동이 가능한 곳이 자신의 홈페이지다. 후보자 홈페이지의 효과는 단기간 내 나타나지 않고 2~3개월 후에 서서히 나타나는 것이 일반적이라 하루라도 빨리 개설하여 남들 보다 먼저 선거에 대비하는 것이 좋다.

(3) 비판하는 유권자를 소중하게 생각해야 한다

네티즌의 글이 후보자를 비판하는 글이라 하더라도 임의로 삭제하거나 무시하면 안 된다. 어떤 글이던지 네티즌의 의견에 대한 충실하고 책임 있는 답변을 해야만 한다. 영향력으로 볼 때 싫어하는 후보자의 낙선을 위한 선거운동이 파급효과가 더 크기 때문에 성의있고 진솔한 답변이 필요한 것이다.

(4) 홈페이지의 완성은 인터넷 홍보의 끝이 아니라 시작이다

이를 매우 혼동하는 후보자가 의외로 많다. 홈페이지를 개설한 후 찾아오는 네티즌을 상대로 수동적으로 홍보하는 경우가 많다. 그런데 이것은 대박을 꿈꾸며 가게를 오픈해 놓고 손님이 오기만을 마냥 기다리기만 하는 것과 같다. 따라서, 홈페이지 홍보작업이나 이벤트가 필요하다. 당원들에게 문자메시지를 통해 알리거나 지역구 내 영향력 있는 홈페이지 게시판을 활용하는 등 찾아가 적극적으로 홈페이지 오픈 사실을 알려야 한다. 다만 오픈 사실을 알리는 내용에 있어서 때로는 선거법상의 문제점이 있을 수 있으니 선관위에 문구를 검토받아 게재하는 것이 좋다.

다. 홈페이지 제작에 대한 조언

홈페이지를 제작하는 것은 다소 전문적인 기술적 요소이기는 하지만 후보자가 이러한 기술적 요인을 알고 있는 것과 없는 것은 차이가 크다. 따라서, 어떻게 홈페이지를 제작하는 것이 좋은지 간단하게 논하겠다.

(1) 캠페인 전략과 일치하는 컨셉으로 홈페이지를 기획해야 한다

유권자와 후보자간의 커뮤니케이션이 이루어지는 공간이므로 시각적인 이미지와 컨텐츠가 상당히 중요하다. 전체적인 선거운동 방향(캠페인 전략)과 일치하는 컨텐츠와 디자인만이 출마한 이유와 메시지를 가장 강력하게 전달할 수 있다.

(2) 형식과 기능은 단순한 것이 좋다

로딩시간을 지연시키는 인트로, 화려한 인터페이스와 다양한 기능은 비용

만 많이 들 뿐 진솔하고 단호한 의사 전달에 오히려 방해가 될 수 있다. 그러한 것들은 최초 방문 시에는 어느 정도 효과가 있을지 모르지만 그 뒤에는 별다른 영향을 주지 않는다. 중요한 것은 내용이지 형식이 아니다.

(3) 완벽하게 만들기 보다 보완해가며 만들어라

시작부터 완벽한 홈페이지를 제작하려고 무리하는 것보다 개설 후 점차 내용을 풍부하게 채우는 것이 보다 효율적이다. 대부분의 후보자들은 홈페이지를 제작의뢰 할 때 완성도가 높은 홈페이지를 주문한다. 그렇다 보니, 비용이 많이 들거나 컨텐츠 내용이 과도하게 많아 제작기간이 오래 걸리는 경우가 많다. 그것보다는 홈페이지를 개설한 이후에 자료를 새롭게 고치거나 내용을 풍부하게 하는 것이 더욱 효율적이다. 네티즌에게는 변화되어 가는 홈페이지가 더욱 인상적으로 보이기 때문이다.

(4) 많은 컨텐츠를 부실하게 운영하기 보다는 하나를 충실하게 운영하는 것이 좋다

네티즌의 참여가 중요하다는 생각으로 처음부터 지역자료실이니 사랑방이니 동호회니 등등의 비슷비슷한 요소들을 많이 기획하는 경우가 있다. 그런데 이러한 것들은 오히려 홈페이지 홍보에 저해요소가 된다. 컨텐츠가 많다 보니 명확하게 분리하여 운영하기 어렵고 내용이 분산되다 보니 홈페이지 전체가 썰렁한 느낌을 줄 수있기 때문이다.

(5) 남들과 다른 한 가지를 기획해야 한다

자신의 전문 분야에 대한 사세한 정보 제공이나 남다른 정치 철학, 라이프 스토리 등, 남들과 차별화할 수 있는 컨텐츠 한 가지를 개발해야 한다. 인터

넷이라는 가상공간은 누구나 본래 좋아하는 데로만 가는 곳이지 한번 가볼까 하는 그런 곳이 아니다. 반드시 목적을 가지고 움직이는 곳이다.

8. 공명선거 이행약속 전략

2006. 5. 31. 전국동시지방선거를 앞두고 메니페스토 정책선거운동이 활성화되기 시작했다. 당시 전국에 있는 수많은 후보자들은 메니페스토 운동본부에 회원가입을 신청했고 KS 인증마크처럼 메니페스토 정책선거운동 로고를 게재했다. 또한 후보들마다 "본인은 메니페스토에 가입한 회원으로서 정책선거를 지향하겠다"는 약속을 홍보물에 게재했으며 이는 유행처럼 번졌다.

이러한 메니페스토 운동은 사실 국내에 도입되기 이전에 이미 일본에서 먼저 유행했던 제도이다. 최근 일본 총선에서 하토야마 유키오 민주당 대표 역시 메니페스토 전략을 전면에 내세우면서 승기를 잡았다. 물론 집권당인 자민당 역시 후생노동성 개혁안을 내세웠지만 민주당의 세습정치 및 정경유착 금지 정책에 굴복했던 것이다.

일본의 메니페스토 운동은 2003년 지방선거에서부터 시작되었으며, 2005년 고이즈미 준이치로 전 총리가 '우정 민영화'로 압승을 거두면서 메니페스토 전략이 당락의 주요변수로 자리잡게 되었다.

아무튼 우리나라의 경우도 2006년을 기점으로 하여 시작되었고 이번 2010년 6월 2일 지방선거에서 유행할 것으로 생각된다. 하지만 2006년 전국동시지방선거때 처럼 보여주기 위한 메니페스토가 아니라 내실을 다지기 위한 정책선거가 될 것이다.

이런 관점에서 본다면 메니페스토 운동보다 우리나라 실정에 맞는 사회운동이 있으니 바로 "공명선거 이행약속" 운동이다. 우리나라에 아직 크게 도입된 바는 없으나 이번 선거에서 후보자들 모두가 "공명선거 반드시 실천하겠습니다"라는 약속을 하고 이행하면 어떨까 싶다. 아마도 유권자 입장에서 본다면 신선한 메시지요 깨끗한 느낌을 받을 수 있으니 말이다. 이러한 약속을 홍보물에 게재할 경우 상당한 캠페인 효과도 노릴 수 있고 후보자 스스로도 깨끗한 선거를 위해 노력하게 된다. 또한 선거철이면 나타나는 금권요구에 대해서도 후보 스스로가 거절할 명분이 생기니 일석이조 아니겠는가!

아무튼 "공명선거 이행약속"에 대해 유권자들은 아마도 신선해 할 것이다. 하지만 그 문구를 넣은 후보자는 더욱 더 선거법을 준수해야만 당선될 것이니 이 얼마나 좋은 시민사회 운동인가 말이다. 공명선거를 이행하겠다는 약속을 선거홍보물 주요면에 게재함으로써 깨끗한 후보의 느낌을 주는 자체가 캠페인이요 전략이 될 수 있다.

제5장

선거홍보 "전략의 기술"

1. 지금은 이미지시대
2. 사진촬영
3. 홍보물 작성의 법칙
4. 홍보물의 캠페인 원리
5. 연설의 기술
6. ARS여론조사 바로알기

단순하게 말하고 단순하게
생각하라 선거란 단순한
사람이 이기는 게임이다

제5장 실전선거 "전략의 법칙"

필자는 선거철이면 가끔씩 후보자들과 다투는 일이있다. 후보자들은 저마다 유권자들에게 하고 싶은 이야기가 참 많기 때문이다. 자신에 대한 이야기를 학창시절부터 시작해서 학교성적, 봉사활동, 사회운동, 성공기, 가족관, 철학관, 이념과 사상, 정치적 견해 등 모두 다 기록하고 싶어한다. 하지만 몇가지 핵심 쟁점이야 당연히 홍보물에 넣어야 하겠지만 홍보물에 빽빽한 정도로 넣는 것은 솔직히 악수(惡手)중에 최악수다.

그 많은 홍보물 중에서 그 문구를 보기만 해도 어지러울 법 한테 텍스트로 꽉찬 홍보물을 어떤 유권자가 반길까? 또한, 후보자가 유권자에게 하고 싶은 말만 가득 채운다면 유권자는 관심을 갖지 않는다. 하지만 이러한 문제점을 정치컨설턴트가 지적을 해도 후보자는 그냥 넣어달라고 한다.

어디 이뿐만이랴. 선거홍보물의 가장 기본이 되는 이미지의 선택 조차도 후보군의 상당수는 개념이 없다. 하다못해 맞선을 보는 신랑 신부도 서로 맞선을 보기 전에 사진관에 가서 예쁘게 찍고 가장 잘 나온 사진을 서로 주고 받는 것이 상례인데 말이나. 금권선거와 같은 불법선거는 우리가 지양해야 하겠지만 후보자 자신을 유권자에게 선보이는 사진 한 장에 대해서는 좀더 과감하게 투자할 필요가 있다. 우리가 맞선을 보기전 사진한장의 이미지로 상대편을 평가하듯이 유권자 역시 홍보물의 사진 한 장으로 후보자를 평가하는 경우가 많다. 그런데도 기초의원이나 광역의원 후보자들은 이러한 사진의 중요성을 잘 모르는 경우가 많다.

뿐만아니라 어떤 사진이 좋은지, 어떻게 촬영해야 좋은지, 어떤 컨셉트를 잡아야 하는지 잘 모르는 경우가 많다. 이 때문에 지방자치단체장 후보나 국회의원 후보자들은 고액의 정치컨설팅사에 위탁하는 경우가 있는데 이 책 한권만 잘 읽는다면 후보자 스스로 컨셉트를 정하여 실비로 촬영이 가능해진다.

또한, 홍보물의 내용을 어떤 식으로 작성해야 효율적인지 잘 몰라 복잡하게 만드는 경우가 많은데 이에 대해서도 설명드리겠다.

1. 지금은 이미지시대

지금은 이미지시대다. 그만큼 유권자는 후보자의 이미지를 보고 선택하는 경우가 증가했다는 말이다. 최근 선거의 경향에서도 이러한 점이 두드러지게 나타났는데 16대 대선에서의 노무현 대통령 후보나 2006년 전국지방선거에서의 오세훈 서울시장 후보가 좋은 예시가 될 듯하다.

노무현 대통령 후보는 통키타를 치고 리어카를 밀어주는 낭만적이고 서민적인 이미지를 부각하여 유권자들의 표심을 흔들었다. 오세훈 서울시장 후보는 젊고 건강한 이미지를 부각하여 많은 유권자들에게 호응을 받았다. 이렇듯 후보자 자신이 가지고 있는 이미지는 선거에 있어서 많은 영향을 준다.

이명박 대통령 후보의 경우도 기업CEO 이미지에서 국가지도자CEO 이미지로 거듭나기 위해 과거 박정희 대통령의 썬그라스를 모방한 이미지를 국민에게 보여주기도 했다. 그만큼 정치인의 이미지란 중요하다는 말이다.

국회의원 선거나 지방선거 역시 후보자의 이미지가 유권자에게 미치는 영향은 크다. 그렇기 때문에 이미지를 관리하는 것, 이미지를 부각시키는 것은 당락에 중요한 변수가 되기도 한다

정치인의 이미지란 어느날 갑자기 만들어지는 것도 아니요 생성되는 것도 아니니 평소의 몸가짐이 곧 후보의 이미지가 된다. 이러한 후보의 이미지는 고유이미지로 토착화 되어 많은 유권자에게 입소문을 통해 전달되게 되는데 어느날 갑자기 후보자의 이미지가 달라졌다면 유권자들은 비웃을지도 모른다. 따라서, 후보자의 이미지메이킹을 한답시고 이렇게 바꿔라 저렇게 바꿔라 하는 방식은 좋은 방법이 아니다. 후보 자체는 그것이 고유의 상품이기 때문에 때로는 그 사제가 장점이 되기도 한다. 절대 불가피한 것이 아니라면 본래의 이미지를 바꾸지 않는 것이 좋다.

또한 후보자마다 고유이미지 외에 보조이미지가 존재하는데 이때 보조이미지는 고유이미지 보다 더 우월하게 선거에 작용될 수 있음을 유념해야 한다.

예를들자면 제 15대 대통령선거에서 김대중 대통령 후보의 경우 그의 고유이미지는 민주화 운동으로 기인된 투사와 같은 강성이미지였으나 대중과의 만남에 있어서는 유머있는 친근한 할아버지와 같은 보조이미지를 남겼고 이러한 보조이미지가 선거에 영향을 주었다. 이렇듯 정치인에게는 고유이미지와 보조이미지가 존재한다.

그런데 이러한 고유이미지 또는 보조이미지는 상대후보의 이미지가 무엇이냐에 따라 선거에 영향이 미치게 되는데 이때 이미지의 상관관계를 알아야 선거에 이길 수 있다. 즉, 유권자들은 통상 나약한 이미지를 가진 후보자에 비해 강한 이미지를 가진 후보를 선호하는 경향이 높다는 것이다. 이 때문에 상대후보자의 이미지 보다 내 이미지가 더 강한 느낌을 주어야 선거를 유리

한 전선으로 형성시킬 수 있다. 하지만 네거티브적 강한 이미지가 아니라 뛰어난 리더십과 추진력의 강함을 말하니 강한 이미지라 하여 오해하지 않았으면 한다. 아무튼 이러한 부분은 역대 선거결과를 통해 승리한 자의 이미지를 비교해 보면 쉽게 이해할 수 있는 부분이다.

선거지론 중에 "강한 것이 약한 것을 이긴다"라는 말이 있는데 이는 이미지에 있어서도 영향을 받으며 강한 이미지가 약한 이미지를 이긴다는 말로 이해해도 좋다.

또한, 후보자의 고유이미지란 쉽게 변하지 않아도 보조이미지는 선거에 따라 변화시킬 수 있다. 따라서, 선거에 있어서 이러한 보조이미지의 변화를 꾀하거나 연설, 토론, 유권자의 만남을 통해 강한 리더십을 보여주는 것은 매우 중요한 일이 된다. 나약한 사람이 국가 지도자가 될 수 없듯이 유권자는 강한 지도자를 원하기 때문이다.

2. 사진촬영

선거의 절반은 사진이라는 말이 있다. 그만큼 사진촬영이 중요하다는 말이다. 모든 언론퍼블리시티나 홍보물에서 후보자의 이미지를 구현하는 기본적 수단이 되기 때문이다. 그래서 정치컨설팅 업체에서는 후보자의 사진 촬영에 각별히 신경을 쓴다.

전자에서도 맞선을 예로하여 설명했지만 유권자도 후보자의 사진 한 장을 보고 후보자가 어떤 사람인지 지지할 것인지 아닌지까지 결정하는 사례가 늘어나고 있다.어떤 경우에는 투표장에 들어가며 후보자의 포스터를 보고 결정한다는 유권자 마저 있으니 후보자 사진 한 장이 얼마나 중요한지 설명해 주는 대목이다.

필자는 출마하는 후보자들에게 "다른 것은 다 아껴도 사진은 아끼지 말 것"을 권고하는 편이다. 하지만 후보자의 느낌과 이미지를 단 한 장의 사진에 담아내는 작업은 그리 쉬운 일이 아니다. 후보자들 대부분이 전문 배우도 아닌데다가 사진의 중요성을 알면서도 촬영에 대해서는 소극적인 경우가 많기 때문이다. 특히 그런 좋은 사진 한 장을 만들기 위해서는 기획단계에서 촬영스텝의 퀄리티(수준)가 높아야 하는데, 그런 수준높은 사진작가를 일반인이 찾기도 쉽지 않을뿐더러 촬영기획서를 스스로 만들 줄 하는 후보를 필자는 본 적이 없다. 하지만 훌륭한 사진작가까지는 아니더라도 촬영기획서만 만들 줄 안다면 가까운 사진관에서도 쓸만한 사진 몇 장은 건질 수 있을 것이다.

아무튼 좋은 사진을 찍기 위해서는 사진콘티와 촬영기획서가 필수적인데 사진콘티는 후보의 어떤 이미지를 담아 낼 것인가에 대한 부분이고 촬영기획서는 콘티에 명시된 이미지를 구현하기 위해 어떤 의상과 어떤 소품 그리고 어떤 방법에 의해 촬영할 것인가이다.

또한, 선거홍보물에 있어서는 단 한 장의 사진만이 필요한 것이 아니라 홍보물의 내용에 따라 여러 형태의 필요한 사진이 정해지는데 그 때를 대비해 여러 가지가 컨셉트를 가지고 찍어두면 좋다. 사안에 따라 촬영을 할 수 없으니 한번에 여러 가지의 컨셉트를 가지고 찍어두자는 것이다.

이러한 사진촬영을 위해서는 잘짜여진 콘티가 필요한데 아래의 촬영기획서를 보면 이해가 쉬울 듯 하다. 이러한 촬영기획서를 사진작가에게 주기만 해도 어느 정도는 촬영이 가능하기 때문이다.

〈예시〉

스튜디오 촬영 기획서

◉일시 : 2007년 0월 0일 오전 00시
◉장소 : 000

촬영인 – 인뱅크코리아(주)	촬 영 지 침
□ 용도 선거홍보물 스튜디오 촬영	□ 인물 이미지 세련된 이미지 and 친근한 이미지 □ 포인트 여성유권자에게 어필될 용도
□ 대상 : 홍길동 (43세)	□ 주의점 웃는 모습이 어색할 가능성 가급적 정장보다는 세련된 평상복
□ 필요한 이미지 – 강한(카리스마) 이미지 – 세련된 미소지만 훈훈한 느낌 – 부부가 함께 다정한 모습 – 아이를 사람하는 젊은 40대 모습 – 지적이고 세련된 이미지(서재) – 정책을 연구하는 느낌	□ 주의점 웃는 모습이 어색할 가능성 가급적 정장보다는 세련된 평상복

◉스튜디오 촬영

No	콘 티	세부내용	배경 컨셉	의상	엑스트라 및 소품
1	기본 촬영 (신청서용 사진 및 홍보물 등 기타)		블랙톤	정장	
2	신문 보는 모습	경제면 읽고 고민하는 모습		와이셔츠	신문
3	생각하는 모습	손을 괴고 고뇌하는 모습			의자
4	기도하는 모습	기도, 고민하는 모습		와이셔츠	
블랙 컨셉 보충 촬영					
5	서서 팔로 책상을 딛는 모습		파스텔톤	와이셔츠	
6	노트북 집무모습	노트북으로 집무 보는 모습			노트북, 서재
7	신문(책) 들고 읽거나 서있는 모습	자연스런 상반신, 신문 (접어) 손에 들고 서 있는 모습 등			신문, 책
8	설명하는 모습	자연스런 상반신, 활동성이 느껴지는 모습, 자연스럽게 대화하고 지적하는 모습 등		와이셔츠	다이어리, 펜
파스텔 컨셉 보충 촬영					
9	포스터용 자연스럽게 웃는 사진		화이트톤	남방셔츠	
10	밝게 웃는 모습	자연스런 상반신 손으로 가리키는 모습 등			
11	포스터용 자연스럽게 웃는 사진			남방셔츠	
12	팔 괴고 웃는 모습	자연스런 상반신, 책상에 앉아 팔 괴고 웃는 모습 앉아서 한하게 웃는 모습		평상복 상의	책상
13	파이팅 외치는 모습	서서 힘 있게 파이팅 하는 모습		평상복 상의	
화이트 컨셉 보충 촬영					

◉촬영 준비

□의복 준비 CHECK LIST

준비내역	설명	준비여부
정장 2종 이상	밝은 계열	
와이셔츠	흰색, 스트라이프, 밝은 하늘색 필수	
평상복 상의 · 하의	가디건, 점퍼, 상의, 남방, 티셔츠 등	
넥타이 10종 이상	가능하면 많을 수록 좋음	

□소품 준비 CHECK LIST

준비내역	설명	
수첩, 필기구, 신문	손에 들 수 있는 것, 신문 경제면 또렷한 것, 상표(특히, 외제 상표)가 안 보는 것.	

□ 준비 시 고려 사항

- 의상은 전반적으로 밝고 세련된 색으로 준비하시기 바라며, 유명상표가 드러나지 않는 것으로 준비해주시기 바랍니다.
- 밝고 부드러운 분위기의 의상 및 소품으로 준비하시기 바랍니다.

□ 촬영일 유의 사항

- 촬영 당일 아침 본인의 표정이 충분히 나올 수 있도록, 거울을 보면서 표정 연습을 하고 나오시기 바랍니다.
- 촬영 전, 마사지나 팩 등 피부 관리하시기 바랍니다.
- 촬영 전날 충분한 숙면을 취하시기 바랍니다.
- 촬영 당일 아침 미리 사우나를 다녀오시기 바랍니다.
- 헤어와 메이크업은 디자이너가 있기 때문에 따로 손질하실 필요가 없습니다.

3. 홍보물 작성의 법칙

- 하고싶은 말이 아니라 듣고싶은 말을 써라 -

후보자의 사진촬영이 끝나고나면 홍보물의 슬로건과 보조슬로건 그리고 내용을 정리해야 한다. 그것이 명함이든 예비홍보물이든 간에 말이다. 하지만 필자가 전자에도 말한바 있지만 대부분의 후보자들은 자기가 하고 싶은 말만 한다. 살아온 과정도 유권자가 듣고 싶은 삶이 아니라 자신이 말하고 싶은 삶을 말한다. 이는 자신의 삶 뿐만 아니라 공약을 포함한 대부분의 내용이 그렇다.

하지만 유권자는 유권자 자신이 듣고 싶은 이야기가 아니라면 관심을 갖지 않는다. 그래서 내가 하고 싶은 말이 아니라 유권자가 듣고 싶은 말을 써야 하는 것이다. 이러한 기본적 논리에도 불구하고 대부분이 후보자들은 자신이 하고 싶은 말만 구구절절 한다. 이는 홍보물 뿐만 아니라 연설도 마찬가지다.

만일 자기 자신이 하고 싶은 말만 한다면 그 선거는 이기지 않아도 된다는 것과 같다. 따라서 어떠한 경우라도 내가 하고 싶은 말이 아니라 유권자가 듣고 싶은 말을 해야하는 것이다.

그렇다면 유권자가 듣고 싶은 말을 어떻게 써내려 가는 것이 좋은가에 대한 질문이 있을 수 있는데 아무리 유권자가 듣고 싶은 이야기라고 해도 구구절절 설명하는 것은 결코 바람직스럽지 않다.

선거 메시지의 철칙중에 "유권자는 계몽하지 않는다"라는 말이 있는데, 아무리 유권자가 듣고 싶은 말이라 하더라도 유권자를 가르치려 한다면 유권자는 외면한다는 말이 된다. 따라서 어떤 경우가 있더라도 유권자를 가르치려고 해서는 안된다.

또한, 유권자가 듣고 싶은 말이라고 해서 소설 쓰듯이 구구절절하게 쓰는 것은 오히려 유권자의 시각을 분산시켜 외면해 버리는 결과를 만든다. 메인 슬로건과 보조슬로건으로 유권자의 시각을 잡았다면 나머지 내용은 아주 짧고 간결하게 설명하는 것으로 마무리 해야 한다.

대한민국 최고의 대기업 광고를 보면 정치홍보물처럼 길게 말하지 않는다. 대기업이 바보라서 길게 설명 안하는 것도 아니요 길게 설명할 줄 몰라서 안 하는게 아니다. 텍스트가 많으면 많을수록 소비자로부터 외면 당하기 때문에 간결하게 쓰는 것이다.

실력있는 정치컨설턴트일수록 텍스트가 아니라 이미지이며 내용 설명보다는 슬로건 하나로 승부한다. 우리가 흔히 마시는 소주광고에서도 이미지 하나가 중요하듯이 그 이미지 하나로 소주 상품의 가치를 상승시키는 것이다. 정책이든 공약이든 내가 하고 싶은 말을 주저리주저리 하는 것보다 제대로 된 청사진(이미지) 하나와 빼어난 슬로건 하나가 더욱 효과적이라는 말이다.

또한, 후보자의 대부분이 공약사항을 홍보물에 게재함에 있어서 열가지 미만을 올리는 경우는 극히 드물다. 그러다 보니 차별화도 어렵고 저 후보나 이 후보나 공약이 똑같다는 비난을 듣는 것이다. 하지만 대통령 선거나 광역단체장 선거의 경우 전문가들이 만들어서 그런지 핵심공약 한개로 승부수를 던지고 부수적 공약이라 해도 보통 5~6개를 넘지 않도록 한다. 특히 핵심공약은 최소한 2Page 정도를 별도 배분하여 따로 설명한다. 이때 텍스트 중심이 아닌 이미지와 슬로건 중심으로 만든다. 이는 기초단체장 후보나 광역의원, 기초의원 후보들이 배워야 할 사항이다. 자질구레한 공약을 모두 기재할 경우 정책의 이슈화에 실패하게 된다. 메인 이슈가 없다면 모를까 메인 이슈가 존재한다면 자질구레한 공약은 한 틀에 묶어서 짧게 정리하는게 좋다는 말이다.

홍보물에 있어서 내가 하고 싶은 말이 아니라 유권자가 듣고 싶은 말을 슬로건과 보조슬로건 중심으로 짧고 간결하게 정리한 후 최대한 이미지로 승부해야 한다. 이것이 좋은 홍보물의 카피다.

4. 홍보물의 캠페인 원리

홍보물 내용을 작성하는데 있어서도 캠페인 원리가 적용된다. "캠페인기법"에서 다시한번 설명드리겠지만 홍보물은 캠페인의 3요소를 충족한 것일수록 효과적이며, 홍보효과도 크다.

캠페인의 3요소란 선거캠페인에 있어서 "50대 중졸의 여성시각"으로 말하라는 것이다. 이는 선거캠페인 뿐만 아니라 메시지에 있어서도 대단히 중요한 부분이니 잊지 말아야 한다.

너무 중요하니 다시한번 강조하겠다. ① 50대, ② 중졸의 ③ 여성시각으로 말해야한다. 이러한 캠페인의 3요소가 중요한 것은 홍보물의 슬로건이나 내용에 있어서 "맞아, 맞아. 나도 그렇게 생각했는데.."라는 유권자의 동의를 얻어내기 위해서이다. 홍보물 슬로건의 수준을 올린답시고 영어나 전문용어를 사용하는 경우가 있는데 이럴 경우 많은 유권자가 이해하지 못하거나 무시당하는 느낌을 갖게 된다.

이는 후보자의 이미지를 대중적이지 못한 인물로 인식하게 됨으로 인해 득표전략의 저해요소가 된다. 따라서, 50대의 연령층이 들었을때 동화 또는 흡수될 수 있는 용어를 선택하고, 중졸의 저학력자도 쉽게 이해할 수 있는 표현을 사용하며, 여성처럼 섬세하지만 감동을 줄 수 있는 기법을 사용하라는 것이다. 쉽게말해 할아버지 할머니도 쉽게 이해하고 쉽게 알아들을 수 있도록 만들어야 한다는 것이다.

이러한 캠페인의 3요소에 의한 메시지 작성은 비단 홍보물의 슬로건이나 카피에만 해당되는 것은 아니고 연설이나 구전홍보에도 적용된다.

5. 연설의 기술

필자는 최근 모 정치아카데미 강의를 하며 수강생들을 대상으로 하여 가장 최근 선거에서 출마 후보자의 유세 연설 내용을 기억하는지에 대해 물어본 적이 있다. 수강생 약 100여명중 서 너 사람을 제외하고는 기억나지 않는다고 답했다. 수강생들 대부분이 출마할 사람이거나 정치 참모 또는 정치 관심층인데도 불구하고 왜 기억하지 못할까? 그들이 기억하지 못한다면 다른 일반 유권자는 기억해 줄까? 그런데 이는 통계자료에서도 수강생들이 답한 수치와 일반 유권자의 수치는 별반 다르지 않게 나온다. 다시말해 후보자의 연설에 대해 유권자는 도통 관심이 없다는 말이다. 그렇다면 유세 자체가 효과가 없었다는 말인데 도대체 이유가 무엇인가.

캠프에서는 분명 유세전략을 짜면서 모자도 쓰고 옷을 통일하며 율동을 맞춰서 유권자의 시각을 끌려고 노력까지 했는데 말이다. 그 이유를 알아야 고칠 수 있을 것 아닌가 말이다.

필자는 대부분의 캠프에서 작성한 유세연설 원고를 보면 참 잘썼다는 생각을 한다. 서론 본론 결론도 좋고 나름대로 짜임새 있게 작성되었다. 서론부의 인사 부분도 깔끔하고, 본론에 들어가면 1, 2, 3, 4, 순서에 입각한 공약내용도 좋고, 적당히 네거티브도 섞어가며 순차적으로 잘 맞춰져 있다. 간간히 청중의 심금을 울릴 강력한 멘트도 들어가 있으며 결말부에는 겸손하게 인사하는 것도 잊지 않는다. 그런데 왜 유권자들도 기억하지 못할까?

이것은 연설문을 쓰는 작가에게 문제가 있다. 기승전결이 잘 논리적으로 설명된 일반적인 연설문은 많이 써봤지만 선거용 연설문은 써본적이 없거나 선거 연설문에 대한 이해가 부족하기 때문이다.

선거 연설과 일반 연설은 그 성격이 다르다. 일반 연설은 청중이 들으려고 오지만 선거는 청중이 지나가며 듣고 대부분 관심을 갖지 않는다. 일반 연설 시에는 청중이 연설자를 쳐다보고 경청하지만 유권자는 선거 연설에 귀기울이지 않는다. 그렇기 때문에 아무리 잘 쓴 연설문도 무용지물이 되는 것이다. 이는 어쩔수 없이 듣게되는 상인들이나 주민들 역시 비슷하다. 연설을 소음처럼 여기는 사람들이 더 많으니 말이다.

예시를 하나들어 주겠다. 예시1은 일반적인 연설문이고 예시2는 선거전문가에 의한 연설문이다.

〈예시1〉
사랑하고 존경하는 유권자 여러분! 저는 변강쇠당 기호50번 홍길동 입니다. 저는 우리 지역의 발전을 위해 헌신봉사하고 개발과 개혁을 위해 과감히 출마했습니다. 어린시절 어렵게 지리 부족한 것도 많시만 서빈의 어려움을 알고 서민의 아픔을 알기에 여러분과 함께 훌륭한 의정활동을 보여드리려고 출마한 것입니다.

우리 지역은 연륜과 경험이 필요합니다. 저 기호 50번 홍길동이야 말로 우리 지역의 발전을 위해 연륜과 경험이 풍부한 사람입니다. 꼴통당 김말동 후보와는 전혀 다른 연륜과 경험이 풍부하며 우리 지역을 정말로 사랑하는 그런 사람입니다. 제가 만약 당선된다면 이 지역 발전을 위해 개울물을 우물물로 바꾸고, 저 기차를 은하철도 999로 바꿔 달나라 여행을 무상으로 할 수 있도록 기관사와 긴밀히 협조하겠습니다.
저 기호50번 홍길동은 은하철도 999의 역장과 매우 친밀하기 때문에 이 공약의 완성에 있어서 최고의 적임자입니다.
존경하는 유권자 여러분!
이번 2010년 지방선거는 우리 지역을 후퇴시키느냐 발전시키느냐의 기로에 서 있는 선거입니다.
이번 선거에서 꼭 변강쇠당 기호 50번 홍길동을 찍어주시기를 간곡히 당부드립니다.
감사합니다.

〈예시2〉
변강쇠당 기호50번 홍길동이 은하철도 999를 만들겠습니다. 은하철도 999. 그것은 우리 미래입니다. 은하철도 999. 은하철도 999없는 세상은 불행합니다. 은하철도 999. 은하철도 999야 말로 희망입니다. 은하철도 999는 분명 우리를 잘살게 할 것입니다. 은하철도 999. 기호50번 홍길동이 하겠습니다. 은하철도는 홍길동입니다.
변강쇠당 기호50번 홍길동이 은하철도 999를 만들겠습니다. 은하철도 999. 그것은 우리 미래입니다. 은하철도 999. 은하철도 999없는 세상은 불행합니다. 은하철도 999. 은하철도 999야 말로 희망입니다. 은하철도 999는 분명 우리를 잘살게 할 것입니다. 은하철도 999. 기호50번 홍길동이 하겠습니다. 은하철도는 홍길동입니다.
변강쇠당 기호50번 홍길동이 은하철도 999를 만들겠습니다. 은하철도 999.

그것은 우리 미래입니다. 은하철도 999. 은하철도 999없는 세상은 불행합니다. 은하 철도 999. 은하철도 999야 말로 희망입니다. 은하철도 999는 분명 우리를 잘살게 할 것입니다. 은하철도 999. 기호50번 홍길동이 하겠습니다. 은하철도 999 홍길 동입니다.

이 두가지를 읽어 봤다면 예시1을 통해 "잘썼다는 느낌"과 예시2를 통해 "이게뭐야 형편없잖아" 분명 이렇게 느꼈을 것이다. 그런데 유권자는 어느 쪽을 더 기억할까? 예시1은 분명 잘 쓴 원고에 해당되지만 시간이 지나면 그 후보가 무슨말을 했는지 기억해내기 어렵다. 그러나 예시2의 경우 다른 것은 하나도 기억나지 않지만 "아무튼 은하철도 999래"라며 그것 하나만은 기억해 낸다. 그도 그럴 것이 똑같은 572자(예시1과 예시2의 총 글자수) 중에 은하철도 999를 예시1은 단 2번 거론했고 예시2는 같은 낱말 숫자지만 27번을 반복했기 때문이다.

유권자는 기억하고 싶어서 기억하는 것이 아니다. 그저 기억나게 해야 기억하는 것이다. 그래서 선거란 반복의 싸움이라고 하는 것이다.

제17대 대통령선거를 앞두고 김영삼 전 대통령이 이명박 대통령 후보에게 정치조언을 한 적이 있다. 이 정치조언은 언론을 통해서도 보도되었지만 김영삼 전 대통령이 살아온 경륜과 경험에 의한 것이었다. 김영삼 전 대통령은 "선거란 단순하게 반복적으로 말해야 하는 것이나"라고 이명박 후보에게 조언했다.

"선거란 단순하게 반복적으로 말해야 한다"
이러한 김영삼 전 대통령이 정치훈수는 그냥 나온 말이 아니다. 그의 오랜 경험으로 선거는 캠페인이라고 말한 것이다.

대부분의 유권자들은 연설 자체를 소음이라고 간주한다. 그렇기 때문에 일부러 귀기울여 듣지 않고 흘러나오는 말이 단순히 귀에 박힐 뿐이다. 차라리 후보자가 핵심 이슈 한두가지를 계속 반복해서 말한다면 최소한 이슈 하나는 유권자가 원튼 원치않던 간에 기억할 지도 모른다. 단순한 말을 계속 반복하면 당장 보기에는 후보가 연설을 못하는 것 처럼 보이겠지만 유권자는 "무슨말인지는 모르겠지만 아무튼 뭐래"라며 반복된 말 하나는 기억하게 된다.

더구나 유세차 이동중에 후보자가 연설하는 경우도 있는데 이 경우는 후보자가 더욱 반복적으로 말해야 한다. 최소한 유권자가 다 잊어버려도 이것 하나만 기억해야 한다고 생각하는 핵심 이슈가 그렇다. 유권자가 기억하지 못하는 연설은 더 이상 연설이 아니다. 그런 연설이 도대체 무슨 의미가 있겠는가!

또한 연설하면 빠지지 않는 것이 유세팀의 운영인데 이와 관련된 내용을 정리해 두겠다.

※ 지난 2009년 12월 30일 공직선거법 일부개정법률안 원안 가결이 된 법에 의하면 야간연설 제한제도가 실시된다. 오후 9시~다음날 오전 8시까지는 오디오 등의 사용이 금지 된다.

Tip 유세연설 및 유세팀 운영 메뉴얼

■ 선거연설 준비 기본수칙

가. 연설 원고를 작성하되 보고 할 생각은 하지 말아야 한다(즉흥적인 연설은 위험. 원고에 대한 확실한 이해와 암기).

나. 핵심 주제만을 강조하는 원포인트(One Point)연설

다. 짧고 간결하게, 그러면서도 지루하지 않게 하는 것이 연설의 원칙이다.

■ 선거연설의 기본 원칙

가. 천천히 말하라

- 보통 알아듣기 쉬운 연설의 속도는 1분에 200자 원고지 1장 반 정도의 분량 (나이와 성격에 따라 자신에게 적절한 분량을 찾아야 한다).

나. 크게 말하라

다. 또박또박 말하라

- 문장과 단어사이에 호흡과 템포를 조절하는 표기를 해 둘 것

라. 자연스럽게 말하라

마. 그밖에 유의해야 할 사항

- 끝말을 정확하게.
- 전문용어나 학술용어는 되도록 피한다.
- 선동형보다는 대화형

■ 연설연습

가. 비디오카메라와 녹음기, 거울을 활용하는 것이 효과적이다.

나. 가장 중요한 것은 연설자가 연설이 내용에 확신과 의지를 갖고 연설을 자기 논리로 만드는 일이다.

■ **후보의 연설**

가. 후보의 연설 내용은 홍보논리가 된다.

나. 자신감이 묻어나야 한다.

다. 청중과 교감이 되어야 한다.

라. 전달하는 메시지가 명확해야 한다.

마. 반복적으로 해야 한다.

■ **유의사항**

가. 치밀한 계획으로 분위기 조성에 힘을 써야 한다.

나. 청중의 무반응에 기죽지 말아야 한다.

다. 분위기 주도는 후보자가 하는 것이다.

라. 시간대별로 연설대상은 달라진다.

■ **유세장소의 선정**

- 사람이 많이 모이는 곳을 선정한다
- 지역을 돌며 시간대별 유세장소를 선정한다.

■ **유세코스의 선정**

- 이동거리를 적게 하여 시간 손실을 줄인다.
- 대략 한 번의 연설에 소요되는 시간을 이동시간까지 포함해서 20~30분으로 잡는다면 하루에 15번 정도의 유세가 가능할 것이다.

■ 유세시간표

시간	유세장소	시간	유세장소
05:30~06:15	아침운동장소,등산로입구	14:25~14:40	아파트,주택가
06:30~08:30	지하철역,버스정류장	15:05~15:20	아파트,주택가
09:00~10:00	조식	15:35~16:20	쇼핑몰,재례시장
10:15~10:35	상가 지역	16:35~17:20	쇼핑몰,재례시장
10:50~11:05	아파트,주택가	17:35~18:00	지하철역,버스정류장
11:10~11:25	아파트,주택가	18:15~18:40	지하철역,버스정류장
11:30~11:45	아파트,주택가	18:55~19:20	지하철역,버스정류장
12:00~12:20	상가 지역	19:35~20:10	번화가(유세차만)
12:35~13:35	중식	20:25~20:55	번화가(유세차만)
13:50~14:10	상가 지역	21:10~21:40	번화가(유세차만)

※ 오전8시부터 오후9시까지만 확성기를 이용한 선거운동이 가능하므로 기타 시간을 통상적 방법의 유세 또는 소리없이 LED영상만을 상영.

6. ARS여론조사 바로알기

사실 ARS여론조사는 선거에서 가장 흔하게 사용되는 기법 중 하나이다. 이용의 첫 번째 목적은 여론조사 본연의 목적(지지도 조사)에 의한 것이지만, 두 번째 목적은 내 인지도를 올리기 위해서 사용하기도 한다. 그리고 세 번째 목적은 내 지지자를찾아내 투표장까지 가도록 만드는 선거전략의 일환으로 사용된다.

하지만 이러한 세가지 용도 중에 선거법상 아무런 문제가 없는 것은 무엇인지 어떻게 이용해야 올바른 것인지 잘 모른다. 또한, 일부 ARS업자들은 ARS의 장점만을 이야기하지 선거법상 무엇이 문제인지 말을 하지 않는다. 뿐만아니라 전혀 효과도 없는 것을 무슨 묘수인듯 후보자를 현혹하고 돈벌이 채우기에 급급하다. 그런데 필자가 이렇게 당당하게 말할 수 있는 것은 ARS여론조사를 실전선거에 상용화시킨 대한민국 최초의 정치컨설턴트이며 대한민국에서 ARS여론조사에 대해 필자만큼 많이 아는 사람도 드물다고 자신하기 때문이다.

또한, 이번 2010년 전국동시지방선거부터는 이에 대한 대대적인 단속이 예상되기 때문에 후보자들은 사전에 무엇이 선거법 위반이고 ARS여론조사의 허와 실은 무엇인지 반드시 알아야 한다. 만일 이를 모르고 업자들의 말에 속아 여론조사를 시행한다면 당선무효형에 처해질 수 있기 때문이다. 최근 선거의 당선무효형 경향이 불법 ARS여론조사로 기인한 것이 증가하는 추세이기 때문에 중앙선거관리위원회에서도 이를 작심하고 있음을 유의해야 한다.

정치신인이라면 인지도에 대해 매우 목말라 있다. 이러한 후보자의 심리를 이용한 것이 인지도 향상 여론조사기법인데 이는 전혀 효과도 없고 선거에 영향을 주지도 않는다.

인지도를 올리는 여론조사의 대부분은 모두 불법일 수 밖에 없는데, 그 첫 번째가 인지도 조사는 모두 전수조사라는 점이다. 선거법에서도 통상적인 여론조사 방법(샘플링 조사)에 기인하지 않는 방법은 모두 불법으로 간주하고 있으며 특히 전체 세대수를 대상으로 한 여론조사는 이유를 막론하고 모두 불법이다. 이러한 인지도 조사 한번에 당선무효형을 걸고 해야하다니 차라리 안하니만 못하다. 이러한 불법 인지도 조사는 전수조사시 모든 기록이 통신사에 보관되게 되는데 아무리 발뺌을 해도 증거가 남아 처벌 받을 수 있음을 유념해야 한다.

두 번째는 인지도를 올리겠다며 조사원고에서 자기 자신은 좋은 경력을 넣고 상대 유력후보는 아예 빼버리는 행위도 공정한 여론조사로 볼 수 없어 선거법상 불법 여론조사에 해당한다. 간혹 후보자들 중에는 자신의 경력은 2개 이상을 넣고 상대후보는 1개만 넣는 경향이 있는데 이 또한 선거법상 불법 여론조사에 해당한다.

이렇듯 인지도를 올리겠다고 하는 여론조사는 그 자체가 불법이며 하지 않는 것이 정답이다. 또한, 기계음으로 들리는 여론조사의 특성상 "변강쇠 출신의 길동이를 아십니까? 모르십니까?"라고 아무리 질문해봐야 "어머 길동이 오빠 멋져요. 꼭 기억해 드릴께요"라고 생각하는 유권자도 없다. 이게 현실이다. 따라서, 불법 인지도 조사는 하지 않는 것이 정답이다.

필자가 서두에서도 말했듯이 "악수를 두지 않는 것이 최고의 묘수"라고 말한 것을 잊지 않기를 바란다. 또한, 이 이론속에는 "나의 악수가 상대에게는 묘수가 될 수 있음"을 기억해야 할 것이다. 즉, 불법 조사에 대한 신고가 접수되면 불법 인지도 조사를 한 후보자는 피할 길이 없기 때문이다.

물론 ARS여론조사의 불법성은 비단 인지도 조사에만 있는 것이 아니라 내 지지자를 찾아내는 기법(초기에는 Science Program이라고 불리었다)에도 커다란 불법성이 존재한다. 왜냐하면 내 지지자를 찾아내는 방법 역시 조사의 근간은 전수조사라라는 점이다. 그리고, 과거에는 유권자명부라 하여 유권자의 세대번호를 포함한 주민등록번호 7자리 수를 낭해 후보자에게 주었는데 지금은 유권자명부에 주민번호 7자리가 없어 사실상 선거캠프에서 사용할 수 없게 되었다. 이 때문에 유권자명부 대용으로 사용하는 것이 '한국통신' 개인 인명부(전화번호부)인데 2008년 이후 한국통신에서는 개인인명부를 팔지않게 됨으로서 사실상 ARS여론조사 기관에서 사용하는 전화번호는 상당수가 오류의 전화번호인 셈이 된다. 하지만 대부분의 ARS업체는 이러한 현실에도 불구하고 후보자에게 자기업체의 유권자 전화번호는 최신판이라고 거짓말을 한다. 하지만 연간 15~20% 이주하는 현실을 감안한다면 20~30%이상이 오류 전화번호이고 몇 개의 전화번호만 확인해 봐도 금새 그 전화번호가 2008년 판임을 알 수 있다. 그러나 이러한 점을 후보자들은 전혀 모른다는 사실이다.

필자는 선거에 있어서 소위 프로다. 없는 것을 있다고 하지도 않고 있는 것을 없다고 하지도 않는다. 2008년 전화번호를 들고 2010년에 조사를 한다는 무책임한 조사를 권고하지 않는다는 말이다. 이 때문에 ARS업체는 어떻게든 최신 전화번호를 입수하기 위해 동분서주 하고 있음도 안다. 하지만 대한민국 전체의 전화번호를 입수하기란 사실상 불가능 하다.

선거관리위원회에서 만일 전화번호 입수경위만 조사해도 ARS업계는 엄청난 타격을 받게 될 것이며, 이 과정에서 후보자 역시 무사하지 못할 수도 있음을 잊지 말아야 한다. 왜냐하면 전화번호를 반대로 후보자 측에서 제공하는 경우도 있는데 이는 명백히 불법이다.

하지만 이런 점에도 불구하고 ARS여론조사의 장점도 있다. 통상 전화면접조사의 경우에는 그 비용이 고액인 반면 ARS여론조사의 경우 저렴하다는데 있다. 또한, 어느 면에서는 전화면접조사에서 담아낼 수 없는 것을 ARS여론조사가 담아낼 수 있는데 그것은 투표의 관심층이 적용된 조사가 가능하다는 것이다. 다시말해 일반 전화면접조사의 경우 지역별 인구수 및 연령대, 직업군등을 비례에 맞추어 조사하는 반면 ARS조사는 전화를 받는 대상자를 상대로 무작위로 한다는 것이다. 이를 풀어서 설명하자면 전화면접조사는 일반적 통계만을 담아낼 수 있는 반면 ARS조사는 정치에 관심이 없거나 투표하기를 포기한 사람은 전화에 응답하지 않는다는 사실 때문에 정치적 관심층이 주로 응답한다는 것이다. 이는 전화면접조사에서 담아내지 못하는 부분이다. 실제로 ARS여론조사의 응답률을 보면 실제 그 지역에서의 연령대별 투표율과 거의 일치한다. 다시말해 투표할 생각이 없는 사람은 전화응답도 아예 하지 않으며 투표할 사람들 중 정치의 관심층만이 ARS여론조사에 응답한다는 것이다.

따라서, 전수조사가 아닌 샘플링 조사라면 필자는 ARS여론조사를 권고드리고 싶다. 가격도 저렴할 뿐만 아니라 정확도 면에서도 전화면접조사에 전혀 뒤떨어지지 않는다. 오히려 필자의 경험칙으로서는 ARS여론조사가 선거에 있이서 만큼은 더 정확하다. 그리고 이러한 샘플링 조사는 선거법에 위반되지도 않는다.

통상 샘플링 조사의 경우 유효샘플이 400~500개 수준이면 정확한 통계를 알 수 있으니 참조하시기 바라며 조사당시 유효샘플수를 지정하여 계약하는 것이 좋다.

※ 지난 2009년 12월 30일 공직선거법 일부개정법률안 원안 가결이 된 법에 의하면 여론조사 사전신고제도가 도입되었다. 오후 10시부터 다음날 오전 7시까지는 전화여론조사가 금지된다.

제6장

효과적인 선거홍보물 제작기법

1. 명함
2. 예비후보자 홍보물
3. 예비후보자 공약집
4. 선거벽보
5. 선거공보
6. 선거공약서
7. 간판, 현판, 현수막
8. 유세차

내가 하고 싶은 말이 아니라
유권자가 듣고 싶은 말을 하라

제6장 실전선거 "전략의 법칙"

선거에서 사용할 수 있는 홍보물은 포스터, 명함, 예비후보자홍보물, 예비후보자공약집, 선거공보, 선거공약서가 있고 보조 홍보수단으로서 현수막, 유세차량(랩핑 디자인) 등이 있다. 그런데 대부분의 후보자들은 포스터, 명함, 예비후보자홍보물과 선거공보의 전략적 차이를 몰라 전략없이 만드는 경우가 대부분이다.

하지만 조금만 신경써도 득표력에도 도움이 될 뿐만 아니라 굳이 조직선거와 같은 지엽적인 것에 매달리지 않아도 된다. 선거홍보물 마다 작은 시간과 정성만 투자하면 얼마든지 효과를 볼 수 있을테니 말이다.

필자는 실질적으로 명함 하나만으로 지역에서 이슈가 된 후보자를 만든적이 있다. 그 명함 한 장이 도대체 무엇이길래 이슈가 되었을까? 아주 간단히 말하자면 명함이 반드시 네모일 필요는 없다는 것이다. 작은 아이디어 하나가 유권자에게는 매우 신선하게 보였으며 그 신선한 모양과 디자인은 후보자의 신선한 이미지를 창조하게 되었다.

이렇듯 홍보물 하나하나가 사실은 전략이다. 전략이 있고 없고의 차이는 효율성면에서도 엄청난 차이가 발생해 득표력에도 영향을 미친다.

더구나 이번 2010년 전국동시지방선거의 경우 광역단체장, 광역의원, 기초단체장, 기초의원 뿐만 아니라 교육감과 교육위원 선거까지 겹쳐 유권자 1인당 최소 40~50개 이상(예비, 본선)의 홍보물을 받게 된다. 그리고 우리는 그 많은 홍보물의 홍수속에서 살아남아야 한다. 그렇기 때문에 홍보물에 전략이 없다면 재활용 더미에 묻혀버리는 것이 현실이다.

특히 홍보물의 메인 슬로건을 깨끗하다느니 정직하다느니 일꾼이라느니 참신하다느니 하는 추상적인 카피는 피하는 것이 좋다. 솔직히 유권자가 믿어주지도 않을뿐더러 거기에는 나만의 아이덴티티도(정체성) 없다. 물론 추상적이라 하더라도 나만의 색깔이 분명한 경우는 사용해도 좋지만 필자는 그러한 추상적 개념의 카피는 반대하는 편이다.

전자에도 말했지만 최고의 카피는 내가 하고 싶은 말이 아니라 유권자가 듣고 싶은 말을 카피로 만드는 것이다. 몇해전에 선거전문 카피라이터들을 중심으로 하여 조사를 한 적이 있었는데 대한민국 선거 카피 중에 최고로 뽑힌 것이 "못살겠다 바꿔보자"였다. 물론 노태우 대통령의 "보통사람들"도 뽑혔다. 필자가 보더라도 두 개의 카피는 정말 잘 만든 카피 중 하나이다. 제13대 노태우 대통령 후보에게 있어서 군사정권 이후의 "보통사람들"이라는 메인슬로건은 충격 그 자체였다. 제17대 대통령선거에서의 이명박 대통령 후보의 "경제살리겠습니다" 역시 유권자가 가장 듣고싶은 말을 메인슬로건으로 사용한 좋은 예시가 될 것이다.

이렇듯 메인슬로건은 유권자가 듣고 싶은 말을 담아내는 것이 가장 좋다. 추상적이고 막연한 그런 것이 아니라 팩트 하나를 찾아내서 사용하는 것이 좋다는 말이다. 문구 하나마다 모두 전략이 숨어있고, 홍보물 하나마다 다 전략이 다르며, 용도 역시 다르다. 이러한 홍보물 전략을 가지고 세세하게 설명드리도록 하겠다.

1. 명함

이번에 선거법 개정으로 인해 예비후보자 등록이후에는 예비후보자의 명함을 주거나 지지를 호소할 수 있는 인원이 5명까지 늘어났다. 즉 후보자와 후보자의 배우자(배우자 대신 예비후보자가 그의 직계존·비속 중에서 신고한 1인을 포함한다) 그리고 선거사무원 3명으로 늘어난 것이다. 예비후보자의 선거운동을 위하여 명함을 직접 줄 수도 있고 예비후보자에 대한 지지를 호소할 수 있다. 하지만 선박, 여객자동차, 열차, 전동차, 항공기의 안과 그 터미널구내(지하철역 구내를 포함), 병원, 종교시설, 극장안 등 다수인이 왕래하거나 집합하는 공개된 장소에서 주면서 지지를 호소할 경우 선거법 위반이니 주의해야 한다.

그런데 대부분의 후보자들은 명함을 명함 정도로 여기는 사람이 많은데 명함은 단순히 명함으로서의 기능만을 하는 것이 아니라 작은 형태의 홍보물이라고 생각하면 좋다. 다시말해 명함이라고 해서 반드시 정형화 되어 있는 그런 내용을 담는 것이 아니다. 고정관념을 조금만 바꾸면 훌륭한 홍보물이 되기도 한다.

명함의 용도 역시 받는 사람이 누구냐(Targer)와 시기에 따라 달라질 수 있는데 특히 공천전과 공천후가 다르고 당원용과 일반유권자가 다르며, 예비후보자와 본선후보자용이 다를 수 있다. 이는 명함을 받는 대상이 누구냐에 따라 메시지가 달라질 수 있기 때문에 여러 형태의 명함이 존재할 수 있는 것이다. 하지만 지나치게 많은 메시지가 담긴 것은 좋지 않다. 효과적인 캠페인 효과를 누리기 위해서는 단일한 메시지를 반복적으로 말 할 필요가 있기 때문이다. 따라서, 2~3가지용을 가지고 선거를 준비한다고 생각하면 좋다. 물론 전략이 있어 한가지 명함으로만 갈 수 있다면 더욱 좋지만 말이다.

이러한 명함에는 자신의 성명, 사진, 전화번호, 학력, 경력, 그밖에 홍보물에 필요한 사항을 게재한 길이 9센티미터 너비 5센티미터 이내로 제작할 수 있다. 이렇듯 선거법에서는 규격에 대한 내용은 있으나 다른 규정이 없어 규격 범위내에서는 자율적으로 만들 수 있다. 그러나 명함의 재질에 있어서 유권해석 상 PVC와 스웨드(안경 등을 닦을 수 있는 재질)를 사용할 경우 공직선거법 제 113조 (후보자등의 기부행위제한)에 의거 위반되는 사항임을 알아 두어야 한다.

필자는 후보자로부터 명함 제작을 의뢰받아 만들다보면 경험칙 상으로 열명 중 한두명은 꼭 학력기재에 대해 잘못 알고 있는 경우가 있는데 상당히 주의해야 한다. 다시말해 후보자들의 일부는 어떤 학력을 기재해야 하는지 하지 말하야 하는지 잘 모르는 경우가 있고 가끔씩은 잘못 기재해 당선이 취소되는 사례까지 있다. 즉, 학력을 잘못 이해하고 기재한 경우에는(허위작성 포함) 당선무효형에 해당될 수 있다는 것이다. 선거법에서 인정하고 있는 학력은 정규학력만을 말하는 것으로서 대학교 또는 대학원에서 하고 있는 특수교육과정 이수는 정규학력으로 보지 않는다. 따라서, 무슨 무슨 대학교나 대학원에서의 "최고 고위과정"이라든가 "최고 정책과정" 등은 정규학력으로 쓸 수 없다. 다시말해 통상적인 정규학교 졸업 및 학사, 석사, 박사 학위가 아닌 대부분의 학력은 정규학력으로 인정하지 않는다. 또한, 외국교육 과정의 경우도 마찬가지인데 국내 정규학력과 이에 준하는 외국의 교육과정을 이수한 경우가 아니라면 게재할 수 없다. 그래도 잘 이해가 가지 않는다면 이력서를 가지고 선거관리위원회에 직접 찾아가 질의하면 아주 자세히 안내해 주니 참고하기 바란다.

2. 예비후보자 홍보물

후보자들이 선거홍보물 중에서 가장 관심있게 만드는 것이 예비후보자홍보물(이하 "예비홍보물"이라 하겠다)과 선거공보(본선홍보물)이다. 하지만 일반적으로 예비홍보물과 선거공보의 목적에 대해 잘 모르는 후보자가 의외로 많다. 그렇다보니 어떤 예비홍보물이 잘만든 것인지 어떤 선거공보가 잘만든 것인지 구분하지 못한다. 따라서 효율적인 홍보물을 제작하기 위해서는 예비홍보물과 본선홍보물의 차이점을 알아야 한다. 그래야 홍보효과가 높은 홍보물을 제작할 수 있다.

우선 예비후보자 홍보물의 경우 전체 유권자를 대상으로 하지 않는다는 것이 선거공보와 다른 점이다. 예비후보자 홍보물은 유권자 세대수의 1/10 범위내에서 후보자가 배포하고 싶은 자에게 무작위로 우편발송을 통해 배포할 수 있다. 하지만 선거공보는 유권자 전체가 해당되기 때문에 세대수 만큼 제작하여 지역 선거관리위원회가 지정한 장소로 제출해야 한다.

그렇다보니 예비홍보물과 선거공보의 Target층이 다를 수 밖에 없다. 다시 말해 예비홍보물의 경우 제한된 발행으로 인해 공천에 영향을 주거나, 내 지지층을 결집시키거나 또는 지역내 여론주도층(오피니언리더)이 대상이 된다. 즉, 특정되어 있는 유권자를 대상으로 만드는 예비홍보물과 유권자 전체가 받아보는 선거공보물은 메시지가 같을 수 없다는 것이다. 다시말해 내 지지자를 결집시키는 용도의 예비홍보물이라면 우리가 왜 결집해야 하는지를 담아내야 할 것이고, 당원을 중심으로 하는 예비홍보물이라면 정당 중심의 예비홍보물이 되어야 하며, 여론주도층을 중심으로 하는 예비홍보물이라면 내가 왜 출마하는지에 대해 당위성을 담아야 한다. 이렇듯 예비홍보물은 선거공보(본선홍보물)와 그 목적이 다르다. 그럼에도 불구하고 많은 후보자들은 이러한 Target설정에 대한 명확한 전략없이 자기가 하고 싶은 말만 예비홍보물과 선거공보에 똑같은 내용으로 만드는 경우가 많은데 이는 분명 전략손실이다.

선거공보(본선홍보물)는 전체 유권자를 대상으로 하는 만큼 내용의 범위가 예비홍보물 보다는 넓으며 대중성을 띠어야 한다. 그렇기 때문에 선거공보는 이슈중심과 공약중심이 된다. 결론적으로 말한다면 예비홍보물은 후보중심, 정당중심이 골자가 되고, 본선홍보물은 후보중심, 이슈중심, 공약중심이 되는 것이 일반적이다.

또한, 후보자들은 예비홍보물이든 선거공보물이든 간에 구구절절 하고 싶은 이야기를 많이 담고 싶어 하는데 실제로 유권자는 그런 홍보물을 달가워하지 않는다. 그뿐만이 아니라 후보자의 여러 가지를 보고 지지할 것 같지만 실상은 단 한두가지를 보고 후보를 지지한다는 것이다. 따라서, 유권자가 가장 선호하는 후보자의 장점이나 공약을 집중적으로 부각시키는 것이 더욱 효과적이다.

*** 예비홍보물 제작 TIP**

1. 규격
   - 가. 크 기 : 길이 27cm 너비 19cm 이내
   - 나. 면 수 : 대통령후보 16면이내, 국회의원 · 광역단체장 · 광역의원 · 기초단체장 · 기초의원 · 교육감 · 교육위원 후보 8면

2. 기재할 내용

가. 앞　면 : 명칭("예비후보자홍보물"이라 적는다), 선거명, 선거구명, 예비후보자의 성명, 소속정당명(정당의 당원이 아닌 사람은 "무소속"이라 적는다)

나. 맨뒷면 : 작성근거("이 예비후보자홍보물은 「공직선거법」 제60조의3제1항제4호에 따라 제작한 것입니다."라고 적는다) 인쇄사의 명칭, 주소, 전화번호

다. 내　용 : 대통령선거 및 지방자치단체의 장선거의 예비후보자는 표지를 포함한 전체면수의 100분의 50 이상의 면수에 선거공약 및 이에 대한 추진계획으로 각 사업의 목표, 우선순위, 이행절차, 이행기한, 재원조달방안을 게재하여야 하며, 이를 게재한 면에는 다른 정당이나 후보자가 되려는 자에 관한 사항을 게재할 수 없다.

3 봉투의 제작

가. 앞　면 : 우체국명(○○우체국), 요금별납(우체국명 하단에 "요금별납"이라고 적는다), 작성근거("이 예비후보자홍보물은 「공직선거법」 제60조의3제1항제4호에 따라 제작한 것입니다."라고 적는다)

나. 뒷　면 : 예비후보자 자신이 홍보에 필요한 사항을 적을 수 있다.

4. 발송수량

선거구안에 있는 세대수의 100분의 10에 해당하는 수 이내에서 발송할 수 있다.

3. 예비후보자 공약집

2008년 선거법 개정으로 인해 예비후보자 공약집에 관한 규정이 신설되었다. 이로인해 대통령선거 및 지방자치단체의 장선거의 예비후보자는 예비후보자 공약집을 발간 및 배부할 수 있게 되었다.

예비후보자공약집은 예비후보자의 선거공약 및 이에 대한 추진계획으로 각 사업의 목표, 우선순위, 이행절차, 이행기간, 재원조달방안을 게재한 도서의 형태로 발간된 것을 말하며, 1종을 발간 및 배부할 수 있다. 또한, 이를 배부할 때에는 통상적인 방법으로 판매해야 하며, 방문판매의 방법으로는 판매할 수 없다.

예비후보자 공약집의 발간이 명문화 됨으로써 정치신인의 입장에서는 유권자에게 자기 자신을 알릴 수 있는 기회가 확대된 것이라고 볼 수 있으나 무상으로 배부할 수 없기 때문에 실효성에 대한 문제점과 무상배부로 인한 불법선거를 양산할 수 있는 제도라는 점에서 비판의 대상이 될 수 있다.

어찌되었든 예비후보자는 후보자 자신과 자신의 공약을 유권자에게 알릴 수 있는좋은 기회가 마련된 것만은 틀림없으니 이번 2010년 선거의 경우 공약집이 전략적으로 활용될 것은 뻔하다. 그렇다면 예비후보자의 입장에서는 어떻게 공약서를 만드는 것이 좋은가에 대해 궁금할 것이다.

좋은 공약집을 만들기 위해서는 우선 유권자들 입장에서 생각해 볼 필요가 있는데 그것은 구매자가 유권자이기 때문이고 유권자의 Needs를 모른다면 그 상품은 팔리지 않을 것이기 때문이다. 즉 소비자가 어떤 공약집을 원하는지 알아야 팔린다는 것이다. 다시말해 지지호소를 위한 홍보물에는 더 이상 유권자들이 관심을 갖지 않는다. 공약집은 말 그대로 철저하게 정책으로 승부해야 성공한다. 또한, 그 정책이 얼마만큼 실현 가능성이 있고 지역내 이슈가 되는 것인가에 따라 그 공약집의 승패는 갈릴 것이다.

또한, 형태에 있어서도 선거홍보물처럼 만든다면 소비자가 별로 좋아하지 않을 것이다. 유권자는 선거홍보물이라고 하면 거부감이 있으니 말이다. 그렇다면 유권자가 좋아하는 형태의 공약집을 만들어야 할 것인데 정형화 되어야 한다는 고정관념을 조금만 벗어나면 재미있는 공약집을 만들 수 있다.

우신 공약집의 내용은 소비자인 유권자들이 알기 쉽도록 작성해야 하고, 이해를 도모하기 위해 여러 형태의 아이디어를 고안해야 한다. 딱딱하고 어려운 것이 아니라 쉽고 즐거운 내용으로 만들어야 한다는 것이다. 뿐만아니라 표지에서부터 정치 냄새가 풀풀나는 그런 남들과 똑같은 홍보물이 아니라 첫 페이지인 표지부터 내용을 알수있도록 잡지형태의 공약집을 만드는 것이 효과적이다.

이는 일본의 정치홍보물을 보면 이해가 쉬울 듯 한데 일본 정치인들의 홍보물 대다수는 우리나라의 정치홍보물과는 많이 다르다. 표지부터 우리나라 99%의 후보자는 자신의 사진을 큼직하게 넣지만 일본 정치인의 대부분은 핵심 정책을 넣거나 이미지(만화이미지, 케리커쳐 등)를 사용하여 자신의 강점을 유권자에게 알린다.

이는 비단 일본 뿐만 아니라 다른 나라의 경우도 정치홍보물의 디자인과 형태가 다양함을 알 수 있는데 유독 우리나라의 정치홍보물 수준이 그 한계를 뛰어넘지 못하고 있음이 아쉬울 뿐이다. 하지만 지나치게 일본식이나 유럽식을 표방하는 것이 좋다고 말하는 것은 아니다. 선거 공약집에 있어서 만큼은 예비홍보물이나 선거공보와 같이 후보자의 사진을 큼직하게 넣지 않았으면 좋겠다는 필자의 사견을 말한 것 뿐이다. 왜냐하면 소비자인 유권자가 후보자의 사진이 큼직하게 들어간 공약집을 과연 돈을 주고 사 볼 것인지 필자는 그 가능성을 두고 매우 희박하게 보기 때문이다. 내가 사고 싶은 홍보물이 아니라 유권자가 사서 읽고싶은 홍보물을 만들면 대박이라는 말이다.

이러한 선거공약집이 잘만 팔린다면 선거자금을 걱정하지 않아도 될 만큼 후보자는 경제적 이익을 얻을 수 있고 그와 함께 많은 지지를 받게 될 것이니 일석이조가 된다. 후보자가 자기 자신의 인지도를 올리기 위해 만드는 것이 아니라 그 지역 유권자들에게 반드시 필요한 정보지를 만든다면 말이다. 만일 지역내에서 당해 예비후보자가 만든 공약집이 베스트셀러가 된다면 당선쯤이야 이미 확정해 놓은 것 아닐까라는 생각마저 든다.

예비후보자공약집은 지방선거에 있어서 기초단체장과 광역단체장 및 교육감 후보자들이 대상이 될 것인데 자신의 정견을 알릴 수 있는 좋은 기회로 활용할 수 있을 뿐만 아니라 '준비된 후보자' 라는 이미지와 함께 타 후보자들과 '정책적 차별화' 를 둘수 있어 매우 유용한 홍보물이 될 것이다. 또한, 예비홍보물이나 선거공보와는 달리 크기, 면수, 수량에 대한 제한이 없어 후보자의 정책을 유권자에게 자세히 알릴 수 있다는 장점도 있다.

그러나 예비후보자공약집은 선거비용에 포함되지 않아 선거비용으로 보전되지 않는다. 또한, 일반적인 신간서적의 홍보 · 판매방식인 출판사 및 서점 등의 온 · 오프라인 예비후보자공약집 소개와 판매는 가능하나(할인 판매도 가능함) 선거일 전 90일부터 선거일까지 예비후보자공약집을 선거구민을 대상으로 광고하는 것은 「공직선거법」제93조에 위반이 되므로 유의해야 할 것이다.

뿐만아니라 예비후보자공약집의 제도는 위에서 언급한 바와 같이 2008년에 신설되어 운영해왔기 때문에 이와 관련된 판례 및 법규운용에 관한 내용이 아직도 미흡한 것이 사실이다. 그러므로 발간 및 판매행위에 있어서 어떤 것이 선거법 위반행위에 해당하는지 반드시 지역구 선거관리위원회에 자문을 구해두는 것이 좋다. 원론적으로는 방문판매만을 금지하였으나 유사행위에 관한 것까지 상세하게 규칙에 정해진바 없기 때문에 예비후보자공약집 발간 및 판매 과정에 대한 선거법 위반 부분이 핵심쟁점으로 떠오를 수 있다. 특히 출판기념회 등도 그러하고 판매에 관련된 기타 행위도 그러하다. 따라서, 지역구 선거관리위원회와 상시 자문을 구함으로 인해 선거법 위반으로부터 벗어나야 할 것이다.

＊예비후보자공약집 제작 TIP

1. 규격 및 수량
   - 가. 크　기 : 제한없음
   - 나. 면　수 : 제한없음
   - 다. 수　량 : 제한없음
   - 라. 종　류 : 도서(책자형)형태의 발간물
   - 마. 기　타 : 1종만 허용

2. 기재할 내용
   - 가. 앞　면 : 명칭("예비후보자공약집"이라고 적는다), 선거명, 예비후보자의 성명, 소속정당명(정당의 당원이 아닌 사람은 "무소속"이라 적는다)
   - 나. 맨뒷면 : 작성근거("이 예비후보자공약집은 「공직선거법」 제60조의4제1항에 따라 제작한 것입니다"라고 적는다), 판매가격, 출판사(출판사를 이용하지 않고 발행한 경우에는 그 인쇄사를 말한다)의

명칭, 주소, 전화번호.

다. 내 용 : 선거공약 및 이에 대한 추진계획으로 각 사업의 목표, 우선순위, 이행절차, 이행기간, 재원조달방안을 게재할 수 있다. 하지만, 예비후보자가 선거공약 및 그 추진계획에 관한 사항 외에 자신의 사진, 성명, 학력(정규학력과 이에 준하는 외국의 교육과정을 이수한 학력을 말한다), 경력, 그 밖에 홍보에 필요한 사항을 예비후보자 공약집에 게재하는 경우 그 게재면수는 표지를 포함한 전체면수의 100분의 10을 넘을 수 없으며, 다른 정당이나 후보자가 되려는 자에 관한 사항은 예비후보자공약집에 게재할 수 없다.

3. 배부방법

통상적인 방법으로 판매하여야 한다. 하지만 방문판매의 방법으로 판매할 수 없다.

4. 선관위 제출 :

예비후보자공약집을 발간하여 판매하려는 때에는 발간 즉시 관할 선거구선거관리위원회에 2권을 제출하여야 한다.

4. 선거벽보

선거에서 출마를 결심했다면 당연히 빼놓을 수 없는 것이 선거벽보의 제작이다.

선거벽보가 선거에 큰 영향이 미치는 것은 아니지만 후보자의 이미지를 가장 효과적으로 유권자에게 전달하는 역할을 하기 때문에 사진한장 디자인 하나하나 요소에도 신경써야 한다. 선거에 있어서는 선거벽보만 보고 후보자를 선택하는 층도 있기 때문이다.

실제적으로 필자가 아는 상당수의 유권자는 선거벽보를 통해 후보자의 이미지를 가장 많이 흡수하게 된다고 말한다. 특히 정치에 무관심한 리버럴층 유권자는 더욱 그러하다. 선거공보는 보기 귀찮지만 투표는 해야하므로 선거벽보를 보고 후보를 선택한다는 것이다. 물론 모든 유권자가 그런 것은 아니시반 발이다.

＊선거벽보 제작 TIP

1. 규격 및 수량

   가. 크　기 : 길이 53cm, 너비 38cm

   나. 재　질 : 100g/㎡이내이 종이

   다. 수　량 : 2010년 지방선거의 경우 2010년 5월 10일까지 선거관위원회에서 공고

   라. 변　수 : 1면 1종

2. 기재할 내용

   후부자이 사진(후보자만의 시진을 말힌다), 싱멍, 기호, 소속정당명(무소속후보자는 "무소속"이리고 표시한다), 학력(성규학력)과 경력, 정견

> 및 소속정당의 정강 · 정책 기타 홍보에 필요한 사항
>
> 3. 제출방법
> 후보자등록마감일후 3일까지
>
> 4. 제출기관
> 지역구 선거관리위원회

5. 선거공보

예비후보자홍보물을 설명하면서 선거공보와 무엇이 다른지에 대해 이미 설명한바 있다. 다시말해 선거공보는 전자에서 언급한바와 같이 불특정 다수의 모든 유권자를 대상으로 하여 발송한다는게 예비후보자홍보물과 근본적인 차이점이 된다. 즉, 예비후보자홍보물은 전략적 Target이 예비후보자를 잘알거나 알려야 할 대상을 상대로 하여 발송하지만 선거공보물은 그렇지 않다는 것이다. 이는 홍보물의 효과적 캠페인을 위해서 숙지하면 좋은데 쉽게말해 예비후보자홍보물은 이미 후보자를 알거나 후보에 대해 알려야 하기 때문에 사안별 메시지 중심의 슬로건으로 만들어지는 것이 좋고, 선거공보는 불특정 다수의 모든 유권자를 대상으로 하기 때문에 정책과 후보자의 이미지 중심으로 만드는 것이 좋다. 물론 후보자의 고유이미지나 선거환경에 따라 다소 달라질 수 있지만 통상적으로는 그렇다는 말이다.

선거에 있어서 "나의 강점은 더욱 강하게 한다"라는 말이 있는데 선거홍보

물에 있어서도 이러한 말이 준용된다. 즉, 후보자가 가지고 있는 장점을 최대한 홍보물에 부각시켜야 한다는 것이다. 하지만 이러한 부각을 지나치게 강조하다보면 후보자가 하고 싶은 이야기만 하게 되는데 이는 "유권자는 계몽하지 않는다"라는 금기에 해당되어 오히려 캠페인에 역효과가 발생하는 경우가 많다. 따라서, 가장 효율적인 선거공보물은 많은 이야기를 하는 것이 아니라 나의 강점을 유권자가 듣고 싶어 하는 형태로 가공하여 One page One message 또는 Two page One message 형태로 이미지 중심의 내가 하고 싶은 말이 아니라 유권자가 듣고싶은 이야기를 짧지만 호소력 있게 해야 한다는 것이다. 이는 선거에 있어서 매우 중요한 말이니 반드시 숙지해야 한나.

또한, 칼라의 형태에 있어서도 지나치게 자극적인 것은 사용하지 않는 것이 좋은데 지역 유권자 성향과 후보자의 이미지 색톤을 각각 강조하고 전체 느낌이 그 중립지대를 형성할 수 있도록 하는 것도 중요하다. 왜냐하면 때에 따라서는 후보자만의 색톤이 그 모든 것을 다 설명해 주는 경우도 있기 때문이다. 아무튼 선거에 있어서 절반이 사진이요 홍보물이라는 말이 있듯이 캠페인 영역에서는 매우 중요한 부분을 차지하는 만큼 전문가와 상의하여 제작하는 것이 좋다.

*** 선거공보 제작 TIP**

1. 규격 및 수량
   가. 크 기 : 길이 27cm, 너비 19cm
   나. 재 질 : 제한없음
   다. 수 량 : 세대수와 예상부재자신고인수를 합한 수

라. 면 수 : 국회의원 및 지방자치단체의 장선거는 12면 이내, 지방의회의원 선거는 8면 이내

2. 기재할 내용

선거공보에는 아래와 같은 사항을 적되, 점자형 선거공보와 점자형 후보자정보공개자료에는 해당 사항을 점자로 함께 적어야 한다.(2008. 2. 29 개정)

가. 앞 면 : 명칭("책자형 선거공보"라 적는다), 선거명, 선거구명
＊점자형선거공보의 앞면에는 선거명, 선거구명, 후보자성명을 기재한다

나. 둘째면 : 후보자정보공개자료와 그 소명내용만을 적을 수 있다. 후보자정보공개자료의 내용은 재산상황, 병역사항, 최근 5년간 소득세 · 재산세 · 종합부동산세 납부 및 체납실적, 전과기록, 직업 · 학력 · 경력 등 인적사항, 소명내용을 말한다.
＊후보자정보공개자료에는 선거벽보, 선거공보, 선거공약서 및 후보자가 운영하는 인터넷 홈페이지에 적었거나 적고자 하는 학력을 2개 이내로 적으며, 후보자정보공개자료에 관한 소명내용의 글자수는 구두점과 그 밖의 문장부호를 포함하여 100자를 넘을 수 없다.(2008. 2. 29 개정)

6. 선거공약서

예비후보자공약집과 같이 2008년 선거법 개정안으로 인해 선거공약서가 신설되었다. 물론 예비후보자공약집과 같이 모든 후보자가 대상이 되는 것은 아니고 대통령선거 및 지방자치단체의 장선거에만 해당된다. 다시말해 지방자치단체의 장선거에 출마하는 후보자는 선거운동을 위하여 선거공약 및 그 추진계획을 게재한 인쇄물(이하 "선거공약서"라 한다) 1종을 작성할 수 있으며 선거공약서에는 선거공약 및 이에 대한 추진계획으로서 각 사업의 목표, 우선순위, 이행절차, 이행기한, 재원조달방안을 게재해야 한다. 또한, 다른 정당이나 후보자에 관한 사항을 게재할 수 없으며, 선거공약 및 그 추진계획에 관한 사항 이에 후보자의 사진, 성명, 기호, 학력, 경력, 그 밖에 홍보에 필요한 사항은 전체면수 중 1면 이내에서만 게재할 수 있다.

이러한 선거공약서의 신설로 인하여 후보자는 자신의 정책선거에 대해 유권자에게 알릴 수 있는 기회의 폭이 확대되었다. 이는 앞으로의 선거문화가 정책선거 중심으로 이동하게 될 것을 예견하는 것이므로 만반의 준비를 해야 할 것이다. 왜냐하면 정책선거문화는 모든 국민이 공감하는 대상도 되지만 일본과 같이 전국적인 정책선거 문화 유행이 돌게될 경우 사전에 준비하지 못한 후보자는 난감해 질 수 있기 때문이다. 따라서, 지방선거의 경우 정책선거에 대해 많은 준비와 연구가 필요하다.

선거 전략적 측면에 있어서도 선거공약서의 비중은 무시할 수 없는 쟁점에 도달할 수 있기 때문에 선거공약서에 들어갈 정책은 유권자들의 선호도를 잘 따져 봐야 할 것이다. 물론 이러한 선호도 자체는 포퓰리즘 정치를 양산할 수 있다는 비판의 대상이 되기도 하고, 님비현상을 부추길 수 있는 문제가 되기도 하지만 득표전략에 있어서 현실을 무시할 수도 없으니 정책여론조사 등을 통하여 분석해 둘 필요가 있다.

선거공약서는 선거구 안에 있는 세대수의 100분의 10에 해당하는 수 이내로 제작하여 후보자와 그 가족, 선거사무장, 선거연락소장, 선거사무원, 회계책임자 및 연설원만이 배부할 수 있다. 또한, 우편발송 및 호별방문이나 살포(특정 장소에 비치하는 방법을 포함한다)의 방법으로 선거공약서를 배부할 수 없다.

※ 선거공약서 제작 TIP

1. 규격 및 수량
   - 가. 크 기 : 길이 27cm, 너비 19cm
   - 나. 재 질 : 제한없음
   - 다. 수 량 : 선거구 안에 있는 세대수의 100분의 10에 해당하는 수 이내로 제작
   - 라. 면 수 : 대통령선거는 32면, 시 · 도지사선거는 16면 이내, 자치구 · 시 · 군의 장선거에 있어서는 12면 이내

2. 기재할 내용
   - 가. 앞 면 : 명칭("선거공약서"라 적는다), 선거명, 후보자 성명, 소속정당명(무소속후보자는 "무소속"이라 표시한다)
   - 나. 맨뒷면 : 작성근거("이 선거공약서는 「공직선거법」 제60조의4제1항에 따라 제작한 것입니다"라고 적는다), 인쇄소의 명칭 · 주소 · 전화번호

3. 제출기관

선거공약서를 배부하고자 하는 때에는 배부일 전일까지 2부를 첨부하여 작성수량, 작성비용 및 배부방법 등을 관할 선거구 선거관리위원회에 서면으로 신고

5. 배부방법

후보자와 그 가족, 선거사무장, 선거연락소장, 선거사무원, 회계책임자 및 연설원만이 배부 가능

7. 간판, 현판, 현수막

제아무리 좋은 선거전략도 발도 뛰는 후보를 당해낼 수는 없다. 이것이 선거의 기본이다. 그런데 가끔 후보자 중에는 사술(詐術)을 생각하여 쉽게 홍보하고 쉽게 득표하려는 경향이 있다. 그런데 그러한 사술(詐術)은 아무런 효과도 없고 선거법상 당선무효형까지 확대될 가능성 마저 있다. 그러니 말도 안되는 그런 사술(詐術)을 믿고 행하지 않기를 바랄 뿐이다.

특히 현수막에서도 이러한 사술(詐術)이 나오기도 하는데 결코 옳지 않다. 물론 많은 후보자가 그렇다기 보다는 몇 명의 후보자들이 그런 것이다.

현수막은 그 자체로서는 당락에 영향을 미치지 않는다. 현수막은 선거 분위기를 무르익게 하고 후보자의 사무실이 여기구나라는 정도의 인식만을 남길 뿐인데도 가끔씩 현수막에 유독 집착을 보이는 후보자가 있다.

필자가 현수막 제작을 두고 사술(詐術)이라고까지 표현한 것은 가끔씩 현수막의 크기를 건물 외벽 전체라든가 어마어마하게 큰 초대형 현수막을 만드는 경우를 실제 봐왔기 때문이다. 실제 필자가 맡은 후보자 중에서도 초대형 현수막을 만든 사례가 있다. 현수막 한 장이 일천만원이 넘었고 다른 한 장은 삼천만원이 넘었으니 그 크기는 상상에 맡기겠다. 또다른 후보자는 가로 80미터, 세로 40미터의 초 초대형 현수막을 만들려고 했었는데 필자가 가까스로 말린 적도 있다. 이러한 현수막을 제작할 경우 적게는 일천만원이요 많게는 일억원을 호가하는데 법정선거비용이 고작해야 2억원 안팎인 비용을 어떻게 다 회계처리 하려고 하는지 도무지 이해가 되지 않는 대목이다. 더구나 그 어떤 유권자도 그렇게 큰 현수막을 보고 "어머 감동스러워요. 한표 찍어드릴께요"라는 유권자는 없다. 오히려 "저 사람 돈으로 아주 처발랐구만" 하고 빈정대는 유권자가 더 많다. 그러니 현수막만 보고 표를 줄 것이라는 착각에서 벗어나야 한다.

지난 12월 30일 개정된 선거법상 예비후보자의 선거사무소, 선거연락소, 정당선거사무소에 설치하는 간판 · 현판 및 현수막의 첩부수량 제한규정이 삭제되었다. 다만, 특별한 규정이 있는 것은 아니지만 건물이나 그 담장을 벗어난 장소에 설치 게시한 경우 또는 애드벌륜을 이용한 방법으로 설치한 경우에는 위반이 된다.

본선에 있어서의 현수막(길거리 게첩용)은 읍 · 면 · 동 마다 길거리 현수막 1개씩을 게첩할 수 있는데 이는 그나마 효용적 가치를 가지게 된다. 쉽게말하자면 현수막의 목좋은 자리를 먼저 차지하는 것이 그렇다는 것이다. 이는 어차피 설치할 현수막이 기왕이면 유권자의 눈에 잘띄는 곳에 배치해야 함은 당연한 일이다. 왜냐하면 지방선거의 경우 후보자가 워낙 많아서 목 좋은 자리를 차지하기란 쉽지 않은 일이기 때문이다.

이때 실무적으로 본다면 선거운동 개시일 오전 일찍 선관위에 현수막을 미리 가지고 가서 기다리는 것이 좋다. 선관위의 검인을 받아야 게첩할 수 있는데 각 선거캠프마다 좋은 자리를 차지하기 위해 미리 장소를 선점한다 해도 검인을 늦게 받아 늦게 도착했다면 그 자리는 먼저받아 도착한 쪽이 게첩할 수 있다. 만일 그 게첩을 방해한다면 그것은 선거법 위반이 된다.

그리고 현수막의 메시지는 가급적 하나로 통일시키는 것이 좋지만 게첩지역별 현안을 만들어 게첩하는 것도 한 방법이다. 지역별 현안이 다른 경우에는 말이다.

*** 현수막 제작 TIP**

현수막에 특별한 규정이 있는 것은 아니지만 아래의 적시된 경우에는 선거법상 위반이 되므로 유의해야 한다.

1. 애드벌룬 · 네온사인 형광 그 밖에 전광으로 표시하는 방법
2. 다른 후보지의 현수막이나 도로교통법 제2조에 따른 신호기 또는 안전표지를 가리는 방법
3. 도로교통법 제2조에 따른 도로를 가로지르는 방법
4. 선거일에 투표소가 설치된 시설의 담장이나 입구 또는 그 안에 내걸리게 하는 방법 (전문개정 2008. 2. 29)

8. 유세차

선거에서 유세차란 매우 중요한 포지션을 담당하고 있다. 그런데 실무적으로 본다면 선거때 가장 말썽을 일으키는 것도 사실 유세차량이다. 배터리가 용량을 못이겨 터지는 것은 물론이고 마이크가 망가지거나 스피커가 음량을 견디지 못해 찢어지는 경우도 다반사다. 또한, 발전기 역시 말썽을 일으키는 경우가 많으니 선거때면 의례히 나타나는 일상의 반복이다. 그렇기 때문에 제작시점부터 유세차에 대해 어느정도 지식을 가지고 있어야 이러한 사고를 미연에 방지할 수 있다.

우선 유세차를 제작할 때 가장 고려해야 할 것이 무엇인지를 알아야 한다. 유세차량의 디자인은 그렇다 치고 앰프와 발전기 사고가 가장 많은데 이는 유세차 제작업체가 음향에 대해 전문성이 없고 값싼 것을 렌트하여 더 많은 이익을 내려고 하는데서 발생한다. 결국 필요한 용량에 비해 턱없이 부족한 성능이 과부하를 일으켜 사고를 내는 것이다. 필자는 선거에서 이러한 사고를 너무 흔하게 봐왔고 선거를 한두번 치룬 사람이라면 모두가 고개를 끄덕일 것이다.

앰프(스피커)나 발전기의 경우 유세차량의 톤수나 지역을 고려하여 넉넉한 것을 준비해야 한다. 음향전문가의 조력을 받는다면 정말 좋겠지만 그렇지 않은 경우라면 유세차 제작시 아래와 같이 주문하는 것이 좋다.

스피커의 종류도 여러가지고 발전기의 종류도 여러 종류가 있지만 1톤내지는 1.5톤에 탑재할 스피커의 종류는 나팔관식을 권장해 드리고 싶다. 사각형 박스 형식의 스피커에 비해 음질은 떨어질지 몰라도 스피커가 찢어지는 경우가 드물고 렌트비용도 저렴하다. 또한, 소리가 멀리 퍼지는 성능이 사각형 박스 형태의 일반 스피커에 비해 좋기 때문이다.

또한, 유세차량에서 사고가 가장 빈번하게 발생하는 것이 전기사고다. 전기의 경우 여러개의 배터리를 연결해서 사용하는 방식과 발전기를 별도로 사용하는 방식이 있다. 여기서는 무조건 발전기를 선택해야 한다. 발진기의 용량은 대체적으로 3kw~5kw라면 문제가 없으며, 전기코드를 꼽아서 사용하는 방식이 아니라 자체 발전식을 권장해 드린다. 그래야 이동 중 유세가 가능하기 때문이다.

발전기의 경우 렌트 비용이 배터리 방식보다 비싸고, 소음이 있다는 것이 단점이지만 매우 안정적이라는 장점을 가지고 있다. 대부분의 유세차에서는 배터리방식과 발선기를 겸해서 사용하는 것이 통칙이다. 배터리는 유세차의 일반적 전기를 소화하는데 집중하고 앰프나 스피커를 이용할 때 발전기를 사용한다. 그러나 경험이 많지 않은 유세차량 제작업체에서는 값싼 배터리 방식만을 추천하는 경우가 많고 여기서 꼭 문제가 발생한다.

또한, 2006년 지방선거부터 급격히 유세차 전문업체가 많이 생겼는데 필자는 별로 권고드리고 싶지 않다. 모든 업체가 다 그런 것은 아니지만 실제적으로도 많은 차량을 대여하다보니 차량의 노후상태나 랩핑상태 또는 음향 및 LED의 상태가 계약서와는 다른 경우를 많이 봐왔기 때문이며 대형업체에서 짧은 시간동안 많은 차량을 출고해야 하는 사정을 고려할때 제 날짜에 출고 반기도 어렵다.

따라서 가급적 출마지역의 간판업체 등에 주문 제작하는 것이 더 효율적일 수 있다. 물론 유세차량을 한번도 만들어 보지 않은 업체라면 문제가 된 경우도 봐왔는데 특히 철골조에 대한 지식이 없어 작은 충격에도 BOX가 뒤틀어진 경우가 많다. 그렇기 때문에 지역에서 유세차량을 제작한 경험이 있는 업체를 선정하여 제작하는 것이 좋으며 여러곳에 비교견적을 받아 가장 효율적인 곳을 선택하면 된다. 필자가 이러한 세세한 것 까지 논해드리는 것은 실무적으로 선거캠프에서 가장 골치 아픈 곳이기 때문이다.

제 7 장

승리를 위한 캠페인전략

1. 캠페인의 3요소
2. SWOT분석 활용법
3. 승리의 선거캠페인 10원칙

   가. 악수를 두지 않는 자가 이긴다

   나. 이슈를 선점한 자가 이긴다

   다. 나의 강점을 더 강하게 하는 후보가 이긴다

   라. 틀려도 강한 것이 옳지만 약한 것을 이긴다

   마. 단순한 것이 복잡한 것을 이긴다

   바. 단순한 메세지를 반복적으로 말한다

   사. 유권자는 계몽하지 않는다

   아. 약점은 방어하지 않는다

   자. 知彼知己면 百戰百勝이다

   차. 정석은 배운다음에 잊어버려라

50대 중졸의 여성시각으로 말하라

제7장 승리를 위한 캠페인전략

1. 캠페인의 3요소

선거는 캠페인이란 말이 있듯이 캠페인 전략은 매우 중요하다. 그중에서도 캠페인의 3요소는 선거 모든 곳에 다 적용되기 때문에 항상 머릿속에 염두해 두어야 한다.

캠페인의 3요소는 전자에서도 언급했듯이 ① 50대, ② 중졸의, ③ 여성시각으로 말하라는 것이며 50대의 연령층이 들었을때 동화 또는 흡수될 수 있는 용어를 선택하고, 중졸의 저학력자도 쉽게 이해할 수 있는 표현을 사용하며, 여성처럼 섬세하지만 감동을 줄 수 있는 기법을 사용하라는 것이다.

이러한 캠페인의 3요소는 전략을 선택할 때도 50대 중졸의 여성들이 보았을 때 "맞아 맞아"라고 쉽게 이해를 하고 동의가 되어야 하며, 메시지에 대해서도 "맞아 맞아 나도 그렇게 생각했는데"라고 느껴야 한다. 그런 대상이 아니라면 사실상 실패할 확률이 높다.

이 때문에 정책이나 메시지에 대해 FGI(Focus Group Interview) 조사를 할 경우 50대 중졸의 여성 중심으로 조사를 시행해야 한다. 수준 높은 사람들이 생각하는 것과 대중이 생각하는 것은 조금씩 차이가 있을 수 있고, 수준 높은 오피니언 리더들이 여론을 형성하는 것 같지만 바닥민심까지 형성할 수 없기 때문이다. 선거는 철저하게 대중의 생각을 먹고 살아야 한다. 대중의 생각을 읽지 못한다면 소비자의 성향을 모르고 출시한 상품과도 같다.

아무튼 캠페인의 3요소는 선거의 모든 영역에 해당하는 말이니 만큼 머릿속에 담아두어야 할 것이다.

2. SWOT분석 활용법

캠페인 전략이라고 해서 두루뭉술하게 만들거나 감각에 의존해서 만드는 것은 위험천만한 일이다. 따라서, 선거에는 일정한 전략이 필요한데 그 필요한 전략의 정보를 수집 · 분석하는 것이 SWOT분석이다. 이러한 SWOT분석은 선거전략의 근간이 되기도 하고 캠페인전략의 출발점이 되기도 한다. 물론 반드시 이것을 해야하는 것은 아니지만 SWOT분석을 통해 나의 강점과 약점, 상대 후보의 강점과 약점을 파악하고 환경적 요소에 있어서 장단점, 그리고 상호간의 차별화된 아이덴티티를 발견하게 됨으로써 유권자에게 어떠한 메시지로 표심을 얻을 것인가에 대해 검증할 수 있게 된다.

물론 더욱 과학적인 방법을 위해 여론조사라던가 FGI(Focus Group Interview)기법 등이 동원되기도 하는데 선거의 규모나 상황에 따라 권고하는 편이다. 필자가 컨설팅을 하는 경우에는 대부분의 후보자들에게 위와 같은 방법을 권한다. 왜냐하면 가장 정확한 판단을 내리기 위해서이다. 병원에 입원한 환자에게 엑스레이라던가 MRI촬영등이 필요하다고 의사가 판단하는 것은 정밀진단을 통해 환자의 상태를 정확히 파악하기 위해서이다. 하지만 많은 후보자들은 유권자에게 사용하는 돈을 아끼지 않아도 자기 자신의 상태를 검증하는 비용은 아까워하는 경향이 많아 실제로 SWOT분석까지 하는 경우는 그리 많지않은 것이 현실이다. 아무튼 환자가 자신의 상태를 정확히 진단해야 치료방법이 나오는 것은 당연한 결과이며, 이러한 과학적 방법으로 정확한 진단을 받아 치료해야 함도 어찌보면 당연한 이치이다.

하지만 SWOT분석이 반드시 전문가에 의해 진단해야 하는 것은 아니고 어떻게 분석해야 하는지 방법을 알면 후보자나 참모 스스로도 얼마든지 진단할 수 있다. 대부분의 후보자들이나 참모들이 SWOT분석에 대해 지식이 없기 때문에 못할 뿐이다. 하지만 SWOT분석은 의외로 간단하며 스스로 자가진단하기도 쉽다. 이러한 SWOT분석의 필요성은 SWOT분석을 통해 나만의 차별화된 아이덴티티(Identity)를 찾아 선거전략 및 홍보전략에 반영하기 위함이다. 즉, SWOT분석은 모든 선거전략의 출발점이기도 하며 모든 전략의 근간을 분석하는 행위이다.

SWOT분석이란 후보자의 강점과 약점, 기회요인과 위협요인을 먼저 빠짐없이 정리하고 상대후보자의 강점과 약점, 기회요인과 위협요인을 정리하여 상호 비교분석을 통해 상대의 정확한 급소(약점)를 찾아내거나 상대후보와 교차되지 않는 나만의 장점, 즉 나만의 아이덴티티(Identity)를 찾아내는데 그 목적이 있다.

이러한 나만의 것을 찾아내게 되면 캠페인의 3요소에 따라 슬로건과 메시지가 확정되게 되고 일관성 있게 선거운동에 이용되는 것이다.

SWOT분석은 우선 후보자 자신을 중심으로 하여 나의 강점과 약점을 자세히 기재한다. 그러나 나의 강점과 장점이란 내부환경에 의한 것이기 때문에 반드시 외부환경에 의한 기회요인과 위협요인도 하나도 빠짐없이 자세히 기재해 두어야 한다.

쉽게 예시를 든다면 A 후보자의 강점이 높은 학력과 경제적 여유, 높은 인지도, 확고한 중도보수 또는 진보, 이 지역 출신 등 이라면 이외에도 더 많은 강점들을 생각해 내서 빠짐없이 먼저 기재한다. 이후 강점의 반대인 후보자의 약점에 대해 빠짐없이 기재하는데 예를든다면 작은 키와 비호감의 외모,

표현력 부재, 말투, 낙하산 이미지 등 약점이라고 분류되는 것들을 모두 기재한다. 이 분류가 끝나게 되면 선거에 가장 영향이 미칠 수 있는 강점과 단점의 대상에 우선순위를 부여한다.(1, 2, 3, 4,...)

그 작업이 마무리 되게 되면 후보자의 내부환경으로서가 아닌 외부환경, 즉 기회요인과 위협요인을 빠짐없이 기재해야 하는데 기회요인이라 함은 예를 들어 중앙당 ㅇㅇ과의 막역한 친분, ㅇㅇ조기축구회의 지지, ㅇㅇ종교단체의 후원, 출마지역의 ㅇㅇ개발, 대통령의 레임덕 현상, 상대당의 ㅇㅇ비리혐의 이슈화 등이 대상이 된다. 또한, 위협요인은 아내의 ㅇㅇ부동산 투기, 중당당의 낮은 지지도, 소속정당 ㅇㅇ국회의원의 ㅇㅇ비리 이슈화, 지역내 ㅇㅇ단체와의 불협화음 등이 대상이 될 것이다.

이러한 자세한 분류가 마무리 되게 되면 상대후보자들 역시 똑같은 방법으로 조사한다. 그리고 이러한 조사가 완료되게 되면 두 후보 상호간 공통적으로 존재하는 강점과 약점은 모두 삭제한다. 왜냐하면 동일한 공통점에 대해서는 공격의 목표도 안될뿐더러 강점 역시 상대후보도 가지고 있는 것이라 홍보효과가 크지 않기 때문이다.

모두 삭제한 이후 남게 되는 후보자 각각의 차별화된 강점과 약점이 홍보의 주 대상이 되기도 하고 상대후보에 대한 공격의 목표가 되기도 한다. 하지만 자기 자신에 대한 홍보에 대해서는 큰 문제가 없지만 상대후보를 공격할 때는 반드시 허위사실 여부를 반드시 확인한 이후에 법률적 하자를 검토해야 한다. 그렇지 않으면 문제를 제기한 쪽이 오히려 공격을 받게 되기 때문이다. 아무튼 SWOT분석을 통해 어떤 것을 선거전략의 Point로 삼을 것인가에 대해 결정해야 하는데 반드시 내 강점이라고 해서 후보자의 홍보 수단이 되는 것도 아니고 내 약점이라고 해서 홍보수단이 못되는 것도 아니다. 즉, SWOT분석을 통한 자기 자신 또는 상대 후보자의 예상 급소는 상대후보의 내부환경으로서의 약점(Weakness)만이 급소에 해당하는 것은 아니며, 때에 따라서는 상대의 강점(Strength)이 급소가 되기도 함을 잊어서는 안된다.

하지만 어떤 것이 가장 효율적인지에 대해 최적의 판단을 내리기 어려운 경우 그 정확도를 파악하기 위해 위에서 언급한 FGI조사가 필요하다고 본 것이다.

FGI조사란 Focus Group Interview를 말하는데 선거에서 주 Target대상군에포함되는 유권자 중 연령대와 성별을 고려하여 약 5~10명을 선발한 후 후보자가 조사해야할 이미지나 이슈 등 사안에 대해 얼마나 공감할 수 있는지 유권자의 공감지수를 조사하는 것이다. 또한, 이러한 조사를 통해 내 판단이 맞는 것인지 그렇지 않은 것인지 정확히 대중의 시각에서 찾아볼 수 있는 것이다. 물론 이러한 조사를 할때에는 전략의 완성 이후 검토를 위한 단계에서 조사하는 것이 바람직하다.

아무튼 SWOT분석은 선거전략에 있어서 매우 중요한 부분을 차지하고 있으니 이 책 한권을 정독했다면 구지 비싼 컨설팅 조사비용을 지불하지 않고도 얼마든지 실행 할 수 있다. 또한, 가급적이면 불법선거의 중심이된 조직선거에 의해 승부수를 던지기 보다는 과학적이고 첨예화된 전략과 정책을 가지고 선거를 준비해 봄이 어떨까 싶다. 사실 전략과 정책선거 중심은 비용에 대한 부담은 없으나 후보자가 많은 시간을 투자하여 연구하고 발로 뛰어야 한다는 현실이 존재한다. 그러나 이러한 고생은 훗날 큰 장점으로 빛날 것이다.

출마를 결심한 후보자라면 하루 정도 시간을 투자하여 자기 자신의 SWOT 분석부터 해봄이 어떨까 싶다. 손자병법에서도 知彼知己면 百戰百勝이라고 하지 않던가 말이다.

SWOT란?

- 내부환경으로서 후보자의 강점(Strength)과 약점(Weakness)
- 외부환경으로서 후보자의 기회요인(Opportunities)과 위협요인 (Threats)

〈SWOT분석표〉

(1)2자구조도

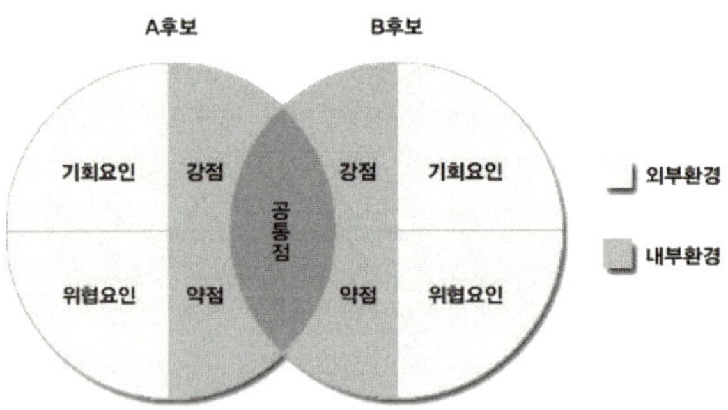

(2)3자구조

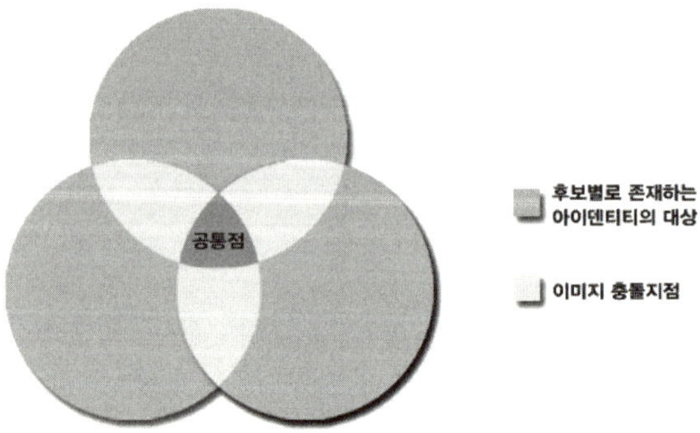

3. 승리의 선거캠페인 10원칙

선거에 2등은 없다. 그래서 선거란 쟁취하는 것이다. 그런데 이러한 선거를 쟁취하기 위해서는 반드시 선거전략이 필요하며 선거전략은 몇가지 원칙에 의해 탄생된다. 만일 어떠한 원칙없이 만들어진 전략이라고 한다면 그것은 개념없는 전략에 불과하고 후보를 위험에 노출시킬 수도 있다.

나라를 세우기 위해서는 법질서가 필요하며 법질서를 만들기 위해서는 가장 기준이 되는 헌법부터 만들게 된다. 헌법이라는 기준없이 민법과 상법이 먼저 존재한다면 인권과 같은 기본권이 무시된 채 법이 만들어 질 수 있는 위험이 존재한다. 하지만 선거캠페인이라는 광범위한 분야를 가지고 이것은 이것이다라고 한마디로 표현하기 참으로 어렵다.

솔직히 캠페인전략 하나만을 가지고 책을 쓴다고 해도 몇권을 나올 것이고 예시만 든다해도 수천건에 달한다. 뿐만아니라 캠페인전략의 한 분야인 커뮤니케이션 이론만을 가지고 설명하려 해도 책한권은 족히 나온다. 이러한 커뮤니케이션 이론들은 일반 서점에서도 흔히 구입해 볼 수 있을 정도니 말이다.

또한, 필자가 앞서말한 언론퍼블리시티전략이니 구전홍보전략이니 하는 것들도 사실상 캠페인전략 중 하나에 해당하니 캠페인전략 자체는 매우 광범위한 범주의 것에 해당한다. 따라서, 모든 캠페인 전략을 설명한다는 것은 사실상 불가능하다. 하지만 필자가 수많은 실전을 경험하며 얻은 "선거캠페인 10원칙"을 정리한바 있는데 그것을 공개하겠다. 그것만으로도 훌륭한 캠페인전략 교과서로서 손색이 없을 것이라 확신하며 그것만 준수해도 선거전략에 있어서 상당한 도움이 될 것이라 믿는다.

가. 악수를 두지 않는 자가 이긴다

제1장에서도 악수가 얼마나 위험한지를 충분히 설명했다. 이렇듯 선거란 내 악수발 당하는 경우를 우리는 심심치 않게 보아왔다.

선거전략이란 고도의 두뇌게임이다. 이러한 두뇌게임에 하자가 생긴다면 후보자에게는 치명적인 결과를 초래하게 된다. 따라서, 상시 선관위를 통해 전략의 실행에 있어서 불법성은 없는지 수시 점검해야 함은 어찌보면 당연한 검토과정이다. 하지만 이러한 검토과정을 게을리하여 선관위에 고발 당하는 경우를 우리는 심심치 않게 보아왔다.

캠페인전략을 말하면서 그 첫 원칙이 고작 악수를 두지말라는 뻔한 이야기냐고 갸우뚱 하실 분들이 있을지 모르겠으나 선거에 있어서는 무엇을 하는 것 보다 차라리 하지 않은 것만 못한 것들이 더 많기 때문에 강조한 것이다. 또한, 묘수로 당선된 사람보다는 선거법 위반으로 낙선한 사람의 숫자가 몇 배는 더 많다. 그럼에도 불구하고 후보자들은 악수를 두지 않는 것이 얼마나 중요한 것인지 망각할 때가 의외로 많으니 필자는 그럴때면 답답하기까지 하다. 이러한 악수를 경계해야함이 마땅한데도 참모들 마저도 선거법에 대해 잘 몰라 후보자에게 불법선거를 권고해주는 사례까지 있다. 이 얼마나 위험천만한 일인가 말인다. 후보자들은 평생에 한번 출마할까 말까한 일을 가지고 후보는 물론 주변에서 조차도 엉뚱한 전략을 가지고 나와 추진하자고 한다. 하지만 그 잘못된 전략하나가 후보 자체를 망칠 수도 있으니 유의해야 함은 당연하다.

필자는 가끔씩 후보자는 환자요 정치컨설턴트는 의사라는 표현을 자주하곤 하는데 환자가 의사의 처방을 듣지 않아도 문제지만 무자격 의사한테 진단을 받고 치료를 받는 행위는 더 위험한 행위가 된다. 따라서, 의사가 처방을 내린 것 이외에 환자 스스로가 다른 치료법을 더 동원하려 할때에는 반드시 의사와 상담하는 것이 가장 올바른 방법이 된다. 그래서 캠페인전략에 있어서도 반드시 지켜야할 수칙중 하나가 악수를 두지 말라는 것이며 이는 만고의 진리가 된다.

하지만 많은 후보자들은 어떤 것이 악수인지 잘 아는 경우도 있지만 모르는 부분도 있어 몇가지만 거론해 주도록 하겠다. 선거캠페인에 있어서도 많은 악수가 존재하는 그 첫 번째가 선거캠페인을 위하여 읍 · 면 · 동책 선거사무원 또는 조직을 통하여 금품 또는 선물을 내려보내는 행위가 그렇다. 이는 자신의 지지호소 또는 메시지 확산을 위해 선거조직을 모으고 그 조직으로 하여금 효율적 선거캠페인에 활용하려는 것인데 활용을 하기도 전에 후보자 자신이 구속되는 수가 있으니 이는 분명 악수가 될 것이다. 필자는 실제적으로 이 때문에 출마를 포기한 후보자를 많이 봐왔다.

두 번째는 투표일 표심을 바꾸기 위해 투표용지와 유사한 명함을 제작하여 투표장으로 이동하는 유권자에게 배포하며 지지를 호소하거나 금품살포까지 하고 있는데 이러한 사실은 명백히 선거법 위반이며 이미 중앙선거관리위원회에서도 다 알고 있어 향후 대대적인 조사에 착수할 가능성이 높다. 또한, 상대후보측 고발로 이러한 사실이 발각될 경우 당선무효에 해당될 수 있음을 잊지말아야 할 것이다.

세 번째는 이슈의 선택이다. 선거캠페인을 위해 이슈를 선택함에 있어 잘못된 이슈를 선정할 경우 후보자에게는 매우 치명적이다. 따라서, 이슈의 선정에 있어서도 민의는 물론 여러 가지 법률을 함께 검토해야 한다. 효과적이지 못하거나 비현실적 공약으로 유권자의 빈축을 산 경우가 의외로 많기 때문이다.

네 번째는 그릇된 구전홍보에 있다. 선거에 있어서 포지티브 전략을 사용한다면 문제가 없겠지만 간혹 네거티브전략을 사용하는 후보자 중에는 구전홍보를 한답시고 허위사실을 유포하여 되려 공격을 당하거나 기소되는 경우까지 있으니 이는 더 악수가 된다. 더한 경우는 기획문건이 외부로 유출되어 언론에 나오는 경우도 종종 있는데 이것을 두고 어찌 악수라 안할 수 있겠는가 말이다.

다섯 번째는 자신의 메시지를 알리기 위하여 기기묘묘한 방법들이 다 동원되는데 그중 가장 흔하게 사용되는 것이 ARS여론조사 방식이다. 하지만 이 경우에도 자칫 선거법 위반이 되어 구속된 예까지 있으니 18대 총선의 어떤 후보자는 지금도 그 사건을 두고 후회하고 있을 것이다.

이와같이 캠페인 전략에 있어서도 악수가 존재한다. 위와 같은 것을 하지 않아도 당선될 수 있으며 위와 같은 치졸한 방법을 써서 당선된들 그 후보자가 유권자를 위해 무슨 옳은 일을 할 수 있겠는가 말이다. 이러한 방법을 쓰지 않아도 발로 뛰고 정책을 알리는 후보자라면 유권자의 마음도 움직일 것이다.

나. 이슈를 선점한 자가 이긴다

선거란 이슈게임이라 말해도 부족함이 없다. 실질적으로도 이슈의 찬반에 따라 당락이 결정되는 경우가 60~70%이상을 차지한다고 봐도 무방할 정도니 말이다. 이는 대통령 선거든 국회의원 선거든 지방자치단체 선거든 모두 마찬가지다.

대통령 선거의 경우 16대 대선에서 노무현 후보의 “수도이전론”이 당락에 영향을 미쳤고, 제17대 대선에서는 이명박 후보의 “대운하”가 선거에 영향을 미쳤다.

또한, 2002년 6월 13일 전국동시지방선거에서는 "DJ옷로비 사건"이 이슈가 되어 한나라당 후보들이 압승하게 된 선거였으며, 17대 총선은 "노무현 대통령 탄핵안"에 대한 이슈가 확대되어 열린우리당 후보들이 압승한 선거였다. 뿐만아니라 2006년 5월 31일 전국동시지방선거는 "참여정부의 심판론"이 이슈가 되었으며, 그 가운데 "박근혜 피습사건"이 이슈화 되어 한나라당 후보들이 압승하게 된다.

물론 시기적으로 선거하고는 관계가 없으나 후보자의 개별적 이슈로서 가장 기억에 남는 이슈는 홍준표 의원의 "국적법"이다. 한때 홍준표 법안이라고 까지 불린 국석법은 대한민국을 떠들썩 하게 만든 이슈에 해당한다.

이렇듯 선거에 있어서 나만의 이슈이든 중앙에서 부는 바람(이슈)든 간에 선거에 영향이 미치고 있음은 그 누구도 부정할 수 없는 현실이다. 따라서, 나만의 이슈를 만들 것인지 중앙에서 부는 바람을 타고 갈 것인지는 후보자 스스로 잘 선택해야 할 것이다.

이슈란 이슈의 찬반이 후보의 찬반으로 발전하여 선거에 많은 영향이 미치게 된다. 그리고 후보의 찬반이 지지도의 찬반으로 전이되어 당락을 결정짓게 한다. 그렇기 때문에 이슈란 주도권을 먼저 잡는 쪽이 유리한 것이다. 이는 "이슈의 셈법"을 통해 자세히 설명했으니 기억이 나지 않는다면 다시 읽어보기 바란다.

결국 이슈란 먼저 선점한 쪽이 주도권을 잡게 되고 선거에 영향이 미친다. 이슈를 선점하라는 것은 상대방의 전선에서 전투를 치르자는 것이 아니라 내 전선에 상대를 끌고와 전투를 치르는 것과 같다. 똥개도 자기집에서는 50% 먹고 간다는 속어가 있는데 상대 진영에서 싸우는 것 보다야 백배 유리하지 않겠는가 말이다.

다. 나의 강점을 더 강하게 하는 후보가 이긴다

선거란 나 답게 싸워야 한다. 다시말해 선거란 나의 강점을 더 강하게 하는 것이다. 나 답지 않고, 나 같지 않다면 어색하게 되어 유권자는 '또 선거철이 되었군' 하고 빈정거릴 것이다.

개념없는 정치컨설턴트 중에는 간혹 이미지메이킹이라는 취지로 후보자의 스타일을 "이렇게 바꾸십시오 저렇게 바꾸십시오" 하는 자들이 있다. 후보자의 습관화된 말투나 행동양식, 스타일을 어느날 갑자기 바꾸는 것은 오히려 역효과가 나고 자연스럽지도 못하다.

물론 후보중에는 반드시 바꿔야할 부분도 있겠지만 가급적이면 있는 그대로를 보여주는 것이 후보자의 장점이 된다. 필자는 가끔씩 정치강연회를 나가면 이러한 점을 강조하곤 하는데, 정치인은 있는 그대로의 모습이 곧 상품이고 곧 장점이다. 그것을 어느날 갑자기 바꾸려한다면 쉽게 바뀌지지도 않을뿐더러 바꾼다 해도 그다지 효과가 있지도 않다.

필자의 사견이기는 하지만 가장 자기답게 선거를 치른 후보자중 하나가 16대 대선에서의 노무현 후보다. 그의 툭툭 내던지는 말투며 거침없이 쏟아내는 스타일은 오히려 약점이 되기 보다는 자기자신의 "개혁"이라는 슬로건을 대중에게 어필하는좋은 수단이 되기도 했다. 물론 다른 대통령 후보자들이나 다른 국회의원 후보자 중에서도 그런 후보자들이 상당수 있지만 필자의 기억에 유난히 남는 편이라 예시로 말한 것이다.

이렇듯 선거란 나 답게 싸우는 것이다. 약한 것을 보완한답시고 상품의 모양을 틀어버리면 이것도 저것도 아닌 개성없는 상품이 된다. 선거란 내 강점을 더 강하게 하여 대중앞에 당당하게 보여줘야 한다. 이러한 내 강점을 더 강하게 한다는 지론은 비단 이미지 전략에만 해당되는 것이 아니라 선거조직이든 캠페인이든 모든 전략에 모두 해당된다.

조직전략의 경우에도 새로운 조직에 집착하기 보다는 기존 조직을 더 강화하는 것이 효과적이다. 내 조직답고, 내 조직같은 조직이 이긴다.

선거전략의 3대요소에는 "내표지키기", "상대표깨기"(유력후보깨기), "부동표흡수하기"가 있는데 그 요소중에 가장 1요소가 바로 "내표지키기"인 것도 내 강점을 더욱 강하게 하는 전략과 일치한다. 남의 표에 기웃거리는 것보다는 내 표를 중심으로 확산시키는 바이러스 캠페인이 더욱 효과적이라는 것이다. 선거란 내 강점을 더 강하게 하는 게임이다.

라. 틀려도 강한 것이 옳지만 약한 것을 이긴다

지금은 분명 이미지시대다. 이러한 이미지는 대중에게 있어서 절대적이고 선거에 많은 영향이 미친다. 틀려도 강한 것이 옳지만 약한 것을 이긴다는 지론은 쉽게 말한다면 후보자의 자신감과도 일치한다. 한 나라의 지도자를 뽑는데 자신감 없는 지도자를 뽑아줄 유권자는 없기 때문이다.

대중들은 카리스마가 강한 지도자를 원한다. 특히 국가 지도자라면 두말할 것도 없다. 그의 카리스마 속에는 무언가를 해낼 것이라는 막연한 기대심리가 숨어 있기 때문이다.

노무현 대통령도 TV도론회에서 수도이전론을 거론했을때 다소 서툴렀지만 자신감 있게 치고 나갔다. 이전비용이 몇 번씩이나 수정되어 발표했지만 그런 것에 연연해 하지 않았다. 유권자들은 그의 틀렸던 이전비용에는 그다지 신경쓰지 않았다. 이슈에 있어서 오로지 찬반만이 존재했을 뿐이다. 이전비용 발표가 틀렸다해서 노무현 후보가 주눅들어 말도 제대로 못했다면 그것이 그토록 파괴력있는 이슈가 되지는 못했을 것이다.

선거란 틀려도 강한 것이 옳지만 약한 것을 이긴다. 이 말을 줄여서 말하자면 "강한 것이 약한 것을 이긴다"는 말이 된다. 후보자는 강해야 한다. 최소한 국민을 대표하자면 국민앞에 자신감을 가지고 당당히 서야한다. 우리 국민은 남북대치 상황이라는 현실속에서 수십년을 살아왔고 이 때문에 강한 지도자를 원했다. 이것이 우리 무의식속에 자리잡은 하나의 유권자 패러다임이다.

우리나라의 역대 대통령들도 자세히 살펴보면 양자 후보군 중에서 고유이미지가 강한 후보들이 고유이미지가 약한 후보자를 이긴 사례를 볼 수 있다. 아래의 예시를 보면 좀더 이해가 쉬울 듯 하다.

〈역대선거 예시〉

▶ 김대중 VS 이회창 = 민주투사 이미지 VS 엘리트 관료 출신 이미지

▶ 노무현 VS 이회창 = 개 혁 적 이미지 VS 원칙주의 이미지

▶ 이명박 VS 김민석 = C E O 이미지 VS 젊고 참신한 이미지

▶ 이명박 VS 정동영 = 경제혁신 이미지 VS 가족행복 이미지

마. 단순한 것이 복잡한 것을 이긴다

선거란 단순한 게임이다. 선거를 복잡하게 생각하는 순간 그 선거는 패배할 가능성이 그만큼 높아진다. 따라서 모든 전략 전술은 단순할 수록 좋다. 물론 후보자의 말과 행동도 단순하게 하는 것이 승리의 비결이다.

선거를 단순하게 생각해야 하는 것은 대중의 단순성 때문이다. 대중은 선거

에 관심이 없는데 복잡하게 말하고 복잡하게 행동한다면 TV 채널을 돌리기 십상이다. 다시말해 복잡한 후보에 대해 유권자는 관심을 갖지 않는다. 그가 너무 어렵게 보이기 때문이다. 신문기사에서 헤드라인 기사가 중요한 까닭도 여기에 있다. 헤드라인은 짧고 단순할 수록 좋다. 헤드라인이 길면 유권자는 헤드라인 기사 조차도 읽지 않는 경우가 발생하기 때문이다.

선거는 단순하게 생각하고 단순하게 말하며 단순하게 행동해야 한다. 대중은 정치에 대해 복잡하게 생각하는 것을 기피하며, 단순하게 판단하고 단순하게 결정한다. 선거를 복잡하게 생각한다면 이길 수 없다. 조직, 공약, 홍보, 전략, 유세, 토론, 언론보도 등 많은 준비가 필요해 보이지만 선거는 사실 몇가지 요소로 승패가 갈라지기 때문이다. 많은 자료를 모으고 분석한다고 해서 이기는 것이 아니다. 백개의 분석보다는 한개의 실행이 더욱 중요하다. 다시말해 선거란 단순한 사람이 이기는 게임이다.

대통령선거 예시를 하나 들도록 하겠다. 김영삼 후보와 김대중 후보는 TV 토론회에서 경제문제로 격돌했던 적이 있다. 이때 김대중 후보는 김영삼 후보에게 “김영삼 후보는 이러한 복잡한 경제 문제를 그렇게 단순하게 생각하시면 안됩니다”라고 하자 김영삼 후보는 “김대중 후보는 단순한 문제를 왜 그리 복잡하게 생각하십니까. 국민이 혼란스러워 합니다”라고 응수했다.

이렇듯 선거에서는 메시에 있어서 단순하게 생각하고 단순하게 말해야 한다. 이 때문에 캠페인의 3요소 자체가 50대 중졸의 여성시각으로 말하라는 것과 같다. 너무 어렵고 난해한 말투는 대중으로부터 지지를 얻지 못한다.

17대 대선에서도 정동영 후보측은 이명박 후보의 BBK 의혹을 제기했다. 그러나 대중들은 이 BBK에 대해 그다지 관심을 갖지 않았다. 왜냐하면 BBK는 단순한 것이 아니라 복잡한 것이고, 쉬운 것이 아니라 어려운 것이기 때문이다. 다시말해 BBK 자체를 이해하기 위해서는 옵저널벤처스가 뭔지, 광은투자신탁이 뭔지, 다스가 뭔지, 주가조작이 어떻게 이루어진다는 것인지 먼저 알아야 하는데 일반 대중들이 알기에는 너무 어려운 것들 뿐이다. 그래서 대중들은 BBK 자체가 대중의 관심사가 못된 것이다. 필자는 지금 BBK의 진실이 무엇이다라고 말하는 것이 아니다. 그 문제는 필자의 논지와는 전혀 거리가 멀고 그것은 필자의 몫도 아니다. 필자가 말하고자 하는 것은 BBK는 50대 중졸의 여성이 한번에 "아, 그렇구나"라고 이해하기 어려워 캠페인 대상으로서는 불가하다는 것을 말한 것이다.

반면 16대 대선에서는 김대업 병풍조작 사건으로 인해 이회창 후보는 아들의 "병역비리" 파문에 시달려야 했으며, 선거에 영향이 미쳤다. 이렇듯 "병역비리" 혐의가 없음이 향후 밝혀지긴 했지만 "병역비리" 자체가 쉽게 대중으로부터 분노를 살 수 있는 대상이었기 때문에 대중들에게 어필된 것이다.

대중은 단순하게 생각하고 단순하게 판단하는 경향이 있다. 이 때문에 선거캠페인에 있어서도 유권자들이 쉽게 이해하고 쉽게 판단을 내릴 수 있도록 단순해야 하는 게임인 것이다. 구전홍보가 짧을 수록 효과적인 것도 이 때문이다. 다시말해 단순한 것이 복잡한 것을 이기는 것이 선거다.

바. 단순한 메시지를 반복적으로 말한다

앞에서 선거의 단순성에 대해 설명했다. 선거란 단순한 게임이다. 그렇기 때문에 선거란 단순한 메시지를 반복적으로 말해야 하는 것이다.

우리는 개그콘서트의 "마빡이"를 기억할 것이다. 그의 단순한 행동과 단순한 말투. 그런데 여기서 우리가 유심히 들여다 보아야 할 것은 반복적인 행동이다. 똑같은 말과 똑같은 행동, 똑같은 상황이 반복적으로 연출된다. 하지만 그 반복속에서 우리는 정말 즐겁게 웃어 버린다.

처음에 “마빡이”가 등장했을때 사람들은 “저게 뭐야, 뭐가 웃겨”라고 빈정댔지만 횟수가 거듭될 수록 그의 행동에서 웃음이 나오기 시작했다. 이후 마빡이 시리즈는 장기간 동안 시청자들의 사랑을 받게 되었고 반응 또한 대단했다.

오래전에 종영되었던 텔레토비의 성공 비결도 마찬가지다. 텔레토비의 단순성과 반복성 때문에 최고의 시청률을 기록했던 것이다. 아이들도 반복에 의한 학습효과로 따라하기가 유행되었고 이러한 텔레토비는 대중의 단순성을 교육과 상업에 접목시킨 성공사례라고 할 수 있다.

선거 역시 마찬가지다. 선거에 대해 무관심한 유권자들을 대상으로 아무리 좋은 연설문을 읽는 것 보다 무엇 한가지가 기억에 남도록 하는 것이 효과적이다. 특히 지방선거나 국회의원 선거처럼 많은 후보자들이 동시에 출마하는 경우라면 더욱 그렇다.

사. 유권자는 계몽하지 않는다

선거에서 가장 금기시 되는 것 중 하나가 유권자를 계몽하는 것이다. 대부분의 후보자들은 공약이나 이슈를 가지고 유권자를 가르치려고 한다. 하지만 이는 단언컨대 악수가 된다.

정치는 계몽할 수 있지만 선거는 계몽해서는 안된다. 유권자를 계몽하려는 순간 반감이 생기는 유권자가 나타나게 되며 결과적으로 상대후보를 이롭게 해주는 이적행위가 된다. 후보자의 대부분은 내 이야기를 들어줄 유권자를 찾지만, 유권자의 대부분은 자신이 듣고 싶은 말을 해주는 후보를 원한다. 옳은 이야기를 한다고 해서 지지를 얻는 것이 아니라 듣고 싶은 이야기를 해줘야 지지를 얻는 것이다. 그런데도 불구하고 무조건 유권자를 가르치려 한다면 유권자는 그 가르침을 받으려 하지 않는다. 오히려 반감만 생길 뿐이다.

유사 사례를 들어보겠다. 물론 선거에서도 예시는 많지만 선거와 관련된 후보자를 직접 거론한다는 것은 명예훼손에 해당할 수 있기 때문이다.

2004년 어느날 필자에게 전화 한통이 왔다. 국가 전략사업이 난항을 걷고 있는데 필자의 전략적 도움이 필요하다는 것이다. 내용인즉 2003년 부안에 방폐장을 유치하기 위해 추진했던 전략들이 일명 '부안사태' 로 인해 모두 백지화 되었는데 그 원인분석과 향후대책, 그리고 전략수립을 어떻게 해야 하는지에 대한 부탁이었다.

필자가 참여하기 이전의 부안 방폐장 설립계획은 ○○기획의 "V2 프로젝트"에 의하여 예산 140억원을 투입했고, 기타 홍보예산 55억을 △△기획에 투입하여 홍보했었다. 총 195억여원을 투입하고도 결국 '부안사태' 라는 결과만 만들었던 당시 사건을 두고 청와대와 총리실 그리고 산자부, 한수원은 다급해졌던 것이다.

결론만 말하자면 '부안사태' 를 만든 원인은 부안주민들을 대상으로 하여 캠페인을 한 것이 아니라 "계몽"을 했기 때문에 사태를 악화시킨 것이다. 즉, 부안주민들 스스로가 원해서 하도록 했던 것이 아니라 부안주민들을 계몽, 즉 가르치려고 했으니 반발의 폭이 커진 것은 당연한 일이다.

하지만 그 이후 방폐장 유치 계획은 지자체 및 주민참여형식으로 전환되어 경주, 영덕, 포항, 군산이 신청을 했고 시민들의 찬성율이 경주 89.5%, 군산 84.4%, 영덕 79.3%, 포항 67.5%가 나왔으니 부안과는 매우 대조적인 결과를 만들었다. 또한, 홍보예산에 있어서도 부안에 투입되었던 비용의 30%에도 못미치는 예산으로 유치에 성공했으니 참여정부의 공적에 기록되지 않을 수 있겠는가!

이렇듯 계몽과 캠페인은 매우 다른 결과를 가져오게 된다. 이는 일반 선거에서도 마찬가지이며 절대로 유권자를 가르치려고 해서는 안된다. 하지만 많은 후보자들은 홍보물을 통해 유권자를 가르치려는 경향이 많으니 이는 악수가 된다. 유권자는 절대로 계몽해서는 안된다.

아. 약점은 방어하지 않는다

선거란 흔히들 "까발려내는 게임"이라고 말한다. 대중들은 그 까발려내는 것에 대해 쉽게 반응하고 쉽게 분노하기 때문이다. 이 때문에 선거에서 네거티브전략이 만들어지는 것이다.

하지만 그 까발려지는 대상들은 곤혹스럽기 그지없고 어떻게 대응해야 할지 잘 모르는 경우가 많다. 후보자의 이러한 약점은 정책이나 정견에 그치지 않고 사생활 뿐만 아니라 재산, 병역, 금전, 범죄 등 모든 행위를 포함하게 된다. 이때 많은 후보자들은 우왕좌왕하고 쩔쩔매는 경우가 다반사다.

더구나 언론으로 확산되거나 부각되게 되면 해명하기에 급급해져 오히려 의혹을 확대 시키는 경우도 종종 있다. 이렇게 되면 선거는 이길 수 없게 된다. 이때 대처 할 방색중 하나가 '약점은 방어하지 않는다' 는 지론이다.

약점은 방어하다보면 더 확산되고 커져 급기야는 "이슈화"되는 경향이 있다. 또한, 이러한 이슈화가 더 전이되게 되면 "바이러스캠페인" 효과가 발생해 수습할 수 없는 지경에 빠지는 경우도 있다. 만일 그 의혹이 사실이라면 어쩔 수 없겠지만 유언비어에 의해 확산될 경우 명예를 회복한다 해도 선거 이후가 되버리는 경우가 대부분이다. 따라서, 상대후보의 네거티브에 의한 것이든 아니든 간에 약점에 대해서는 방어하지 않고 침묵하는 것도 한 방법이다. 대응을 하면 대응할 수록 소문만 커져가기 때문이다. 물론 사안에 따라 적절한 행위 즉 소송 또는 고소, 고발, 논평 등을 취해야 하겠지만 그러한 행위를 언론 또는 노출시킬지에 대해서도 각별히 생각해야 한다.

필자는 이러한 사안을 두고 간혹 사용하는 전략이 바로 '다른 이슈로의 전환' 전략이다. 굳이 내 약점을 방어할 것이 아니라 그 약점보다 더 큰 정책 또는 이슈를 꺼집어 내어 유권자의 시선을 다른 곳으로 향하도록 유도한다는 전략이 그렇다.

그러나 위의 '다른 이슈로의 전환'에 대한 설명을 잘못이해하면 "상대약점의 제기"를 통한 이슈화 전략을 생각하게 되는데 이 때의 이슈화 전략은 통상 이이제이(以夷制夷: 오랑캐는 오랑캐로 막는다)전략이라 하여 '내 약점을 삭감시키기 위해 상대의 약점을 더 부각시키는 방법'을 말한다. 하지만 이러한 전략은 선거전을 더욱 혼탁하게 할 뿐만아니라 유권자로부터 외면당할 가능성이 높아 권고하지 않는다. 오히려 새로운 정책적 이슈를 확대 생산함으로써 유권자의 시각이 생산적이고 미래지향적인 곳으로 향하도록 하는 것이 최고의 전략이 된다.

따라서, 약점이 노출되거나 유언비어로 인해 곤혹스러울 때는 "무시전략"과 "정책 이슈전략"을 병행 사용하는 것이 정석이다. 물론 이러한 전략 이외에도 "약점의 제거" 또는 "상대약점의 제기" 등 많은 것들이 있겠지만 선거에 있어서 "아류는 이류"라는 말이 있듯이 상대가 그렇다고 해서 나까지 그런다면 그것이야 말로 이전투구 선거전으로 치닫게 되는 결과를 만들 뿐이며 득표에도 도움이 안된다.

아무튼 필자는 "약점은 방어하지 않는다"는 지론에 대해 후보자들이 인지하는 것이 중요하다고 본다. 선거때 분명 한두번을 꼭 경험하게 될 것이기 때문이다.

자. 知彼知己면 百戰百勝이다

선거에 있어서 나를 안다는 것은 선거를 안다는 것과 같으며 나를 모른다는 것은 선거를 모른다는 것과 같다. 쉽게 말해 상대 후보자를 과대포장해서도 안되겠지만 절대 과소 평가해서도 안된다. 설령 1위와 3~4위 후보간이라 해도 절대 상대 후보를 얕잡아 봐서는 안된다는 말이다.

선거에서 가장 큰 금기는 자만감이다. 제2장에서도 후보나 캠프의 자만감이 얼마나 무서운 적인가를 충분히 설명했었다.

필자는 대부분의 후보들이 상대 후보에 대해 후한 점수를 주지 않는 것을 많이 봤다. 자신이야말로 적임자라는 나름대로 생각 때문일 것이다. 그렇다 보니 상대 후보의 장점을 이야기하면 불쾌하게 생각하거나 아니라고 부정하는 후보가 의외로 많다. 더구나 상당수의 후보자는 자신이 이긴다는 생각을 너무 많이 가지고 있는 것도 문제다.

선거전략에 있어서 나를 알고 적을 알아야 이긴다. 나를 모르고 적을 모른다면 기습에 쉽게 당한다. 그래서 필자는 이 지론을 말할 때 가장 강조하는 것이 척후병의 중요성이다.

내가 만든 열개의 전략보다 상대가 만든 한개의 전략을 아는 것이 승리의 지름길이다. 실무적으로도 선거를 가장 쉽게 이기는 방법이 상대후보의 불법선거 현장을 적발하면 사실 게임끝 아닌가 말이다. 이렇듯 척후병의 양성은 매우 중요한 전략적 요충지가 된다.

이순신 장군의 명량해전 역시 척후병의 활약은 이미 드라마를 통해서도 나온바 있다. 적의 숫자가 중요한 것이 아니라 적의 동태가 중요한 것이다. 적의 동태만 잘 파악할 수 있다면 13척의 배로 133척도 무찌를 수 있다. 이는 선거도 별반 다르지 않다.

그렇다고 우리쪽 선거운동원을 상대편 후보자 캠프에 잠입 시키라는 그런 유치한말을 하려는 것은 아니다. 다만 상대쪽 선거운동의 방향을 보고 우리쪽 전략을 잘 만들어야 한다는 말을 하는 것이다. 물론 선거에 있어서 부정선거감시단의 활동은 중요하다. 깨끗한 선거문화를 이루기 위해서도 필요하지만 상대후보자들의 불법선거를 차단하는 것도 전략상 중요한 부분을 차지하기 때문이다. 그러나 그 무엇보다도 먼저 알아야 하는 것은 후보자 자신이다.

차. 정석은 배운 다음에 잊어버려라

선거에 있어서 고정관념은 또하나의 적이된다. 이것은 안돼 저것은 안돼라는 식의 고정관념이 그것이다. 필자는 앞에서 9가지의 정석을 제시했다. 그런데 이러한 9가지의 이론에도 함정이 있다. 그것은 지역의 특색과 선거의 상황에 따라 조금씩 다를 수 있다는 점이다.

전쟁에서는 지형에 따라서 얼마든지 새로운 전선이 형성될 수 있다. 때로는 유리한 지형에서 때로는 불리한 지형에서 적과 마주한다. 이때 만큼은 정석만으로 모든 상황을 다 해결할 수 없다. 동물적 감각이나 상황에 따른 전투 경험이 더 필요할 때도 있다.

물론 이 책의 정석에 해당하는 것만 정확히 이해해도 승리하는데 절대적이다. 그러나 진정한 정치컨설턴트로서 전문가가 되기를 꿈꾼다면 "정석은 배운 다음에 잊어버려라"는 말을 해주고 싶다. 필자도 가끔은 정석편의 반대 방향으로 전략을 만들때가 있다.

독자에게 질문하겠다.

▶ 서울대가 좋은가? 제주대가 좋은가?
▶ 벤츠가 좋은가? 티코가 좋은가?

서울대가 일류대학이고 벤츠가 더 고급차라는 인식 때문에 대부분의 독자는 서울대와 벤츠를 선택했을 것이다. 하지만 다른 각도로 보자면 제주도에서 출퇴근하기에는 제주대가 좋고, 기름값 아끼기에는 티코만한 차도 없다.

선거에서는 한 방향만 바라보고 전략을 구사하는 것은 매우 위험할 수 있다. 항상 사물의 반대편도 함께 검토해야 한다. 그렇기 때문에 고정관념을 가지고 상황을 지켜보는 것이 아니라 사물의 반대편을 먼저 들여다 보고 전략을 만들어야 한다.

사람에게 있어서 고정관념은 매우 무서운 것이다. 특히 선거에 있어서의 고정관념은 사물을 정확히 뚫고 지나가는 전략구상에 대해 착오와 착시현상을 일으킬 가능성이 높기 때문이다.

만일 사물의 반대편을 읽을 수 있다면 그 전략은 성공하게 된다. 이미 정석을 다 배웠고 그 정석의 반대편을 읽었으니 지피지기면 백전백승(知彼知己百戰百勝) 아니겠는가!

'정석은 배운 다음에 잊어버려라'

제8장

후보자의 행동지침

1. 후보자의 행동지침
2. 후보자 부인의 행동지침
3. 직무별 참모 선정 방법

승리한 자에게는 이유가 있다
다시말해 이유없이 당선된 사람은
없다는 말이다

제8장 후보자의 행동지침

1. 후보자의 행동지침

후보자가 출마를 결심했다면 우선 후보자의 행동이 조심스러워야 한다. 출마를 결심한 날로부터 그는 유권자의 시각을 의식하지 않을 수 없기 때문이다. 후보자와 후보자의 부인이 어떻게 행동을 하는 것이 좋은지 설명해 보겠다. 아래의 지침서는 필자가 평소 후보자들에게 나누어 주는 문건을 요약한 것이다.

☞ 공인정신 무장 및 소속정당에 대한 확고한 인식

☞ 도량 큰 가슴

- 후보 자신의 생각과 맞지 않는 이야기를 하더라도 진지하게 경청, 면전에서 "NO"를 직설적으로 말하는 것은 자제

☞ 결연한 의지, 성실한 자세를 운동원에게 보일 것

☞ 선거운동의 가장 중심이 되는 사람은 후보자 자신임을 각인

☞ 선거사무실 상근자들에 대한 각별한 관심 표명

☞ 겸손하지만 자신감을 잃지 않는 자세

☞ 철저한 선거구 분석

☞ 출마소견 및 지기논리 구축

☞ 모든 관내 행사 참석

☞ 핵심당원 및 당직자, 여론주성 인사 등을 설득

☞ 공천조사를 대비하여 대의원에 대한 정보 수집, 치저이 선거기획(안) 수립

☞ 공조직 및 여론주도층에 대한 밀착 접근

☞ 가족 등 친인척 단속 철저

☞ 인척 및 문중인사 등의 선거사무실 출입 삼가

☞ 수행원을 많이 대동치 말 것

☞ 일반 유권자 앞에서 선거운동원의 문책은 금물

☞ 운동원의 작은 활동에도 감사, 자발적 운동이 될 수 있도록 격려

☞ 참모에 대한 권한 확대

☞ 계획대로 수행

- 주변 권고나 조언, 각종 보고에 솔깃해서 원래의 계획을 자주 변경하는 것은 금물
- 선거계획은 선거기획단 또는 선거상황실에서 검토

☞ 일대일 면담시 친근감 표현 및 상대방 인적사항 점검 및 기억

☞ 메모습관 및 약속시간 엄수

☞ 스킨십의 중요성 인식

- 악수 : 정중히 두 손으로, 상대가 불쾌하지 않을 정도로 꼬옥 잡아준다.
- 음주 : 두 손으로 정중하게, 후보는 음주 최대한 억제
- 대화 : 상대의 눈 응시

☞ 의상은 방문의 성격에 맞도록 여분 준비

☞ 목욕, 이발은 대중탕에서 할 것

☞ 직접 돈을 지불하거나 계산을 하는 것은 지양

☞ 승차상태로 유세장이나 모임 입장 금물

2. 후보자 부인의 행동지침

☞ 봉사적, 희생적 부인의 이미지를 구축

→ 전통적으로 우리나라 유권자가 선호하는 후보 부인상

☞ 후보와의 관계 : 대등하고 상호 존중하는 모습

☞ 평상시 : 검소, 소박, 단란한 가정적인 부인상에 맞춰 활동

☞ 교육문제, 여성문제, 환경문제, 소외계층 문제 등 여성유권자가 중요시하는 분야에 관심 필요

☞ 후보일정과 공동 또는 별도 일정을 작성, 후보자와 중복되지 않도록 한다.

☞ 노인정, 장애인 시설, 영세민 밀집촌 등 후보자의 발길이 미치지 못하는 지역 중점 순회

☞ 서예교실, 시장골목, 사찰, 사회복지시설, 에어로빅센터, 시민노래교실 등 순회

☞ 행동, 언어, 옷차림 등 보는 것이 루머의 대상이 될 수 있으므로 주의

☞ 용모

- 화려한 옷차림이나 진한화장은 피하고 수수하고 검소하게 할 것
- 액세서리는 최소화하되 검소한 것으로 착용

☞ 말씨 : 지역말씨를 사용. 항상 겸손하고 당직자나 운동원에 대해서는 미소를 띠며 감사인사나 격려의 말을 아끼지 말 것. (내부고객만족)

☞ 수행자는 수수하고 덕망이 있는 여성으로 할 것

☞ 지역 또는 단체 방문 시 사전에 세밀한 조사 필요

☞ 짤막하지만 호소력 있는 인사말을 준비

☞ 여성문제에 관심을 갖고 후보의 여성공약을 숙지할 것

☞ 너무 앞에 나서지 말고 적당히 분위기를 리드하는 역량을 보일 것

☞ 지역에서 평이 좋지 않은 사람들과는 너무 친밀히 지내지 않을 것

☞ 시장이나 상점에서 물건을 살 때에는 인색하지 않는 것이 좋음

☞ 차량이용시 선거사무실 차량은 이용하지 않는 것이 좋음

3. 직무별 참모 선정 방법

가. 선거사무장

선거사무장의 경우 지역내에서 신망이 두텁고 평이 좋은 자로서 지역에 오래 거주하여 지역을 꽤 뚫고 있는 사람이어야 한다. 지역인사들과 친분이 두터워야 함은 물론이고, 후덕한 마음을 가진 자가 최적이다. 선거사무장은 실질적으로 선거사무와는 관계가 적고, 오히려 후보자를 대신하여 지역 관계자(언론인, 직능단체장, 향우회, 여론주도층 등)를 만나거나 참모 및 선거운동원들을 격려하는 것이 주요 업무이기 때문이다.

나. 회계책임자

회계책임자의 첫 번째 요건은 돈을 관리하기 때문에 믿을 수 있는 자가 되어야 한다. 선거회계를 알면 좋겠지만, 몰라도 상관없다. 선거회계를 모른다 하더라도 선거관리위원회에서 배부하는 선거자금 및 정치자금 관계 해설서를 숙지하면 누구든 할 수 있기 때문이다. 물론 선관위에서 교육도 해준다. 다만, 회계책임자는 선거자금 전반에 대하여 사전에 예산(안)을 구성 할 수 있어야 한다. 만일, 회계책임자가 경험부족으로 인하여 예산(안)을 수립하지 못하는 경우 선거관리위원회나 정치컨설팅사에 자문을 구하는 것도 한 방법이다. 법정선거비용을 초과 사용할 경우 선거법 위반이 되기 때문에 계획에 의해 자금을 집행해야 할 것이다.

다. 기획실장

건물을 지을때 설계도가 얼마나 중요한지는 두말할 나위가 없다. 따라서 선거전략 기획 경험이 풍부한 사람이 좋다. 기획실장의 판단력은 때론 당락을 결정짓기도 한다. 따라서, 적임자가 없을 경우에는 차라리 영입을 하거나 정치컨설팅 업체에 의뢰하는 것도 한 방법이다.

라. 상황실장 / 총무부장

상황실장은 선거경험이 있고 선거실무에 가장 익숙한 사람이 되어야 한다. 상황실장은 선관위 업무(후보자 및 선거운동원 각종 등록 및 선거법 위반 관련 업무처리)나 부정선거감시단 활동에 대한 체크, 선거전반에 이른 점검이 주요 업무이기 때문이다. 상황실장과 기획실장은 가장 호흡이 잘 맞아야 하므로 두 사람의 관계에 후보는 각별히 신경써야 한다.

마. 조직부장

조직부장은 무엇보다도 지역에 오래 거주한 자로서 학식보다는 대인관계가 풍부한 사람이 좋다. 많은 사람을 만나야 하기 때문에 인상(외모) 역시 중요한 역할을 하게 된다. 이러한 조직부장은 선거운동원 뿐만 아니라 각종 조직과 단체장들을 규합하거나 혹은 구전홍보 책임자 역할을 하게 된다.

바. 홍보부장

홍보부장의 대부분은 언론퍼블리시티 등 대외적 활동에 치중한다. 또한, 선거기간에는 후보자의 연설문과 홈페이지 등의 관리를 해야하기 때문에 문장력은 기본이 된다. 따라서, 홍보부장은 글을 잘쓰고 후보자와 소통이 잘 되는 자가 맞는 것이 좋다. 또한, 언론인과 여론주도층을 만나는 대인협력 기능을 수행하게 되므로써 지역내 연고가 있어야 할 것이다. 물론 홍보팀장은 상대후보에 대한 정보 수집, 지역정보 수집, 동선계획 마련 등의 역할을 수행하게 된다.

사. 여성부장

여성부장은 사무실을 내방하는 손님과 지역내 여성단체장 및 회원들과 잦은 교섭을 하게 되므로 품행이 단정하고 대인관계가 좋으며 활동력이 풍부한 40대 여성이 최적이다. 여성부장은 사무실의 얼굴 역할을 하게 되므로 인사성이 밝고, 성격이 원만하여야 한다. 때에 따라서 후보자 부인을 수행하기도 한다.

아. 수행팀장(비서실장)

수행팀장은 후보자의 또다른 얼굴 역할을 하게 된다. 따라서, 외모가 수려하고 지역 지리에 밝으며, 지역내 여론주도층이나 언론인, 직능단체장 등과 일면이 있는 자가 가장 최적이다. 만일 후보자를 수행하는 도중 우연히 만난 언론인이나 직능단체장을 몰라보고 지나친다면 상당한 결례가 됨은 물론이고, 전략 손실로 이어지기 때문이다.

자. 유세팀장

유세팀장은 이벤트에 강한 일면(활동성이 있는자)을 가지고 있고, 지역 지리에 밝은 사람이면 족하다. 그러나 유세팀장은 기본적으로 유세차량의 앰프나 발전기의 고장에 대비해 수리방법을 숙지해야 한다. 이는 선거전에서 앰프나 발전기가 말썽을 일으키는 사례가 종종 있기 때문이다.

차. 전화홍보팀장

전화홍보팀장은 캠페인에 대해 잘아는 이로서 엑셀이나 엑세스 프로그램을 자유롭게 이용할 수 있는자가 되어야 한다. 왜냐하면 전화홍보 이후 통화 결과를 분석하여 어떤 방식의 홍보가 가장 좋은 방식인지 선택해야 하는 지위를 갖기 때문이다. 또한, 전화 스크립트를 기획실장과 협의하여 수시로 변경해야 하는데 이에 따른 지식이 있다면 더 좋다.

부록

1. 정치관계법개정 주요내용
2. 제5회 전국동시지방선거 주요일정

부록1 〈정치관계법 개정 주요 내용〉

■ 공직선거법

① 헌법불합치 사항 등 조정

○ 시도별 지역구 시도의원의 총 정수는 자치구 시 군(하나의 자치구 시 군이 2 이상의 국회의원지역선거구로 된 경우에는 국회의원지역선거구) 수의 2배수로 하되, 10%의 범위 내에서 조정할 수 있으며, 다만, 자치구 시 군의 지역구 도의원 정수는 최소 1명으로 함
○ 비례대표 국회의원 및 지방의원 결원 시 임기만료일 전 120일 이내 승계금지
○ 금품향응수수 과태료를 10배 이상 50배 이하, 3천만 원 이하 상한 설정
○ 공무원 등이 '지위를 이용하여' 선거운동의 기획에 참여 및 관여행위 금지
○ 선상투표제 도입문제는 다음에 구성되는 정개특위에서 논의키로 함

② 지방선거 절차
○ 예비후보자 등록 시에 범죄경력 증명서 · 학력증명서 제출
○ 후보자 등록 시에 최근 5년간 세금납부 · 체납증명 신고서만 제출
○ 후보자 등록 후 당원이 아닌 자 · 당원이 될 수 없는 경우 등 등록무효
○ 후보자가 후보자정보공개자료를 제출하지 않을 경우 현행 200만원 이하 과태료를 삭제하고 등록을 무효로 함
○ 입후보제한 강화
- 공무원이 공직선거에 입후보하기 위한 사퇴시기를 선거일전 60일에서 90일로 조정
- 지방자치단체장이 해당 지역의 국회의원선거에 입후보하고자 하는 경우 선거일 전 120일까지 사퇴하도록 하였고, 다만 그의 임기만료일부터 90일 후에 실시되는 지역구 국회의원선거에는 임기를 마치고도 입후보가 가능하도록 함
○ 단체장선거시 1인 후보자일 때 무투표당선제도를 도입함
○ 임기만료 동시지방선거 시, 후보자 등록을 5일 앞당겨 실시
○ 후보자 선거공보 2면의 정보공개자료에 다른 사항 기재 시 접수 불가
○ 투표의 공정성을 위해 기표소에서 투표지 촬영에 대해 벌금 부과
○ 기초의원선거 후보자의 기호는 우선 정당이 추천하는 순에 의하고, 추천순위가 없는 경우 및 무소속 후보자에 대해서는 선관위 추첨으로 결정

○ 각급 선거방송토론위 주관 토론회 불참자에 대해 과태료 400만원 부과
○ 바르게살기운동협의회 · 새마을운동협의회 · 한국자유총연맹의 대표자는 선거일전 90일까지 사직하여야 후보자 등록 가능
○ 재외선거 투표소 확대 및 우편투표 실시 여부 등 에 대해서는 다음에 구성되는 정개특위에서 논의

③ 선거운동의 자유 확대 등

○ 예비후보자의 배우자 · 직계존비속 명함배포 허용 (후보자와 동행할 경우 선거사무장, 사무원 및 회계책임자 가능), 예비후보자 · 후보자 모두 동행인 1인을 지정할 수 있으며, 지정된 동행인은 함께 다니는 경우 선거운동 가능
○ 기초단체장 예비후보자 등록을 현행 선거운동개시일 전 60일에서 90일로 확대
○ 예비후보자는 1:1 직접통화만 가능, 자동송신장치를 이용한 문자메시지 전송 가능
○ 외국인이 예비후보자 · 후보자의 배우자인 경우 선거운동 가능, 법 제60조 제1항 제4호부터 제8호에 해당하는 사람이 예비후보자 · 후보자의 배우자이거나 후보자의 직계존비속인 경우 선거운동 가능
○ 선거기간이 아닌 때에는 통상적인 정당 활동을 위한 인쇄물 · 시설물 · 광고 등을 자유롭게 함 (현행은 선거일전 180일부터 제한)
○ 선거기간 중 정당의 소속당원에게 배부하는 정강 · 정책홍보물과 당사 간판 등에 정당추천후보자의 기호 · 성명 · 사진 · 학력 · 경력 등 게재 허용
○ 시외전화, 휴대전화(후보자와 그 배우자, 사무장, 연락소장, 및 회계책임자가 선거운동기간 중 선거운동을 위하여 사용한 휴대전화 통화료 중 후보자가 부담하는 통화료에 한정) 요금도 보전대상에 포함
○ 인터넷언론사의 게시판 · 대화방등에 지지반대의 문자 · 음성 · 하상 또는 영상 등의 정보 게시하는 경우 실명대상에 포함
○ 예비후보자의 배우자가 외국인 · 공무원 등일 경우에도 선거운동허용
○ 정당 선거사무소의 간판 · 현수막 수 제한 폐지 등 정당활동 규제 완화
○ 선거사무원 수 일부 증원(5명 증원) 및 선거연락소를 설치하지 않아도 선거사무원 추가선임 할 수 있도록 함
○ 후보자 · 배우자 · 사무장 · 연락소장 · 사무원 · 회계책임자는 어깨띠 · 상

의 · 표찰 · 수기 · 마스코트 등 소품을 가지고 선거운동이 가능 함

○ 예비후보자 등이 어깨띠 등을 착용하고 선거활동 허용

○ 시 · 도지사 선거의 방송광고 허용 등 미디어 선거운동 활성화 (TV연설시 통계 · 성명 · 기호 · 정당명칭 로고 등 방영가능)

○ 통상적인 정당활동 등에 대한 기부행위 제한 완화 (소속유급사무원의 교육 · 연수에서 정당경비로 숙식 · 교통비등 실비제공 가능 / 정당의 대표자의 당원대상 신년 · 송년회에서 통상적 범위내의 다과제공가능 / 정당의 봉사활동 시에 교통비(여비는 제외) 및 통상적 식사류 제공 가능 / 정당의 소속국회의원 · 후보자 · 예비후보자 정치자금지원 가능)

○ 구 · 시 · 군 단위 이상의 조직 또는 단체 (향우회등 동호인회, 계모임 등 사적모임 제외)의 정기총회에 의례적인 범위안에서 연 1회에 한하여 상장 수여 허용 / 의정활동보고회, 정책토론회, 출판기념회 그 밖의 각종 행사에 참석한 자에게 통상적인 범위에서 물 · 차 · 커피 등 음료(과자 · 과일 등 간식과 주류 및 식사 제외) 제공 허용 / 국가기관 또는 지방자치단체가 긴급한 현안을 해결하기 위하여 자체사업계획과 예산으로 그 기관 명의로 금품 그 밖에 재산상의 이익 제공 허용 / 시 · 도당의 대표자가 참석하는 당직자회의와 국회의원 등이 관할지역을 방문할 때 그 수행원에게 식사를 제공할 경우 온천장 등에서 제공할 수 없도록 한 장소제한 규정 폐지 / 광범위한 선거구민을 대상으로 하는 경우 제공하는 개별 물품과 그 포장지에 직 · 성명 또는 소속정당의 명칭 표시 금지/ 기부행위로 보지 아니하는 행위 중 규칙에 위임된 사항을 법으로 통합

○ 장애인 (예비)후보자의 활동보조원 1인을 둘 수 있으며 비용은 국가부담

○ 선거일전 60일부터는 후보자나 정당명의로 여론조사를 금지하고 있으나, 정당의 경선을 위한 여론조사는 허용

○ 예비후보자는 선거별 본 선거 기탁금의 20%를 기탁금으로 납부

○ 선거일전 90일부터 당원집회 개최 시 신고 (현행은 상시신고)

○ 후보자 등 공개장소에서 연설 · 대담 등에 있어서 일반음악방송 가능

○ 선거운동을 위해 5인이 무리지어 행진가능(후보자와 동행 시 10인)

○ 선거사무장등 선거사무관계자 및 선거운동을 할 수 있는 자는 별도의 신고절차 없이 연설 · 대담이 가능함(종전 연설원 및 사회자 제도 없어짐)

○ 보완첩부를 위한 선전벽보의 검인 제도 폐지

○ 당원집회 개최장소에 첩부하는 표지 규격 제한 폐지

○ 선전벽보등에 오기 · 누락 또는 사실과 다른 내용이 있거나 법에 위반되는 내용이 있어 정정 · 삭제 필요시 제출마감일까지 관할선관위에 서면신고

○ 정강정책홍보물, 정책공약집, 정당기관지 제출시 책자 또는 전자적 파일중 하나를 선택하여 제출가능, 일부지역 재보선시 해당 선거구위원회에 제출

○ 정당 · 예비후보자 · 후보자는 공선법에 허용된 선거운동방법으로 선거운동을 할 수 있는 자 모집 가능

○ 선거사무장 등은 종전 신분증명서 대신 '표지' 를 패용하고 선거운동

○ 지역구국회의원선거시 2이상의 구시군으로 된 공개장소 연설 · 대담을 위한 자동차등을 선거연락소마다 각 1대 · 1조 추가 사용

○ 점자형 선거공약서는 우편으로 배부 가능

○ 언론기간은 대통령선거에 한하여 선거일전 1년부터 선거기간개시일전일까지 후보자가 되려는 자를 초청하여 대담 · 토론회 개최 가능

○ 신문광고의 색도 · 규격 · 게재위치 등에 대한 제한 폐지

○ 신문광고와 인터넷광고의 광고게재일 전일까지 신고규정 폐지

○ 비례대표선거시 후보자 초청 대담 · 토론회시 후보자(지역구 후보자 제외) 외의 정당 대표자 등도 대담 · 토론자로 지정 가능

○ 선거방송토론위원회 주관 대담 · 토론회에 참석하는 후보자의 초청기준 중 '직전선거' 를 '최근 4년 이내 해당선거구역 전체를 포함하는 선거' 로 조정

○ 책자형 선거공보에 게재된 내용과 다른 내용도 포함하는 별도의 점자형 선거공보 1종 작성 가능, 면수는 책자형 선거공보와 동일

○ 오후 9시부터 오전 8시까지 녹음기 또는 녹화기(오디오 · 오디오기기 포함)를 사용하여 당가 등 후보자 등을 홍보하는 내용 등을 방송 또는 방영 불가 (법 제79조제10항 관련)

④ 지방선거 선거구제 및 후보자 공천 등

○ 지방선거 정당추천제 현행 유지

○ 지방의원선거구제 현행 유지

○ 지방의회 비례대표 비율(10%) 현행 유지

○ 광역 또는 기초 지방의회의원선거에서 국회의원선거구마다 여성을 1인 추천하도록 함

⑤ 기타

○ 임기만료에 의한 국회의원선거와 보궐선거 동시 실시
○ 다른 선거에 입후보하기 위해 사퇴한 사람은 당해 사퇴로 인한 재보궐선거에 입후보 제한
○ 거소투표 간섭 · 방해 행위, 거소투표자의 투표공개행위 형사 처벌
○ 개표가 끝난 투표지를 위원장 1인이 봉인
○ 당선무효 사유에 해당하는 범죄와 다른 선거범죄의 경합범에 대한 분리 심리 및 따로 선고
○ 국회의원 또는 지방의원의 의정활동 보고방법으로 이동전화 문자메시지(컴퓨터이용 자동송신장치 전화이용 포함)를 허용
○ 법 제86조제2항에 따라 참석이 허용되는 창당대회 등에 단체장이 당해 단체장선거의 선거일전 180일부터 선거일까지 근무시간중에 참석 가능
○ 공무원등이 선거기간중 선거에 영향을 미칠 수 있는 금품제공행위는 기부행위제한규정에 따라 상시금지되므로 현행 규정(법제86조제1항제4호) 폐지
○ 지방자치단체장은 명목 여하에 불구하고 특산품 등을 홍보하기 위하여 신문 · 방송 등을 통한 광고 출연 행위 금지
○ 선거일의 다음날부터 13일까지 해당 선거구안의 읍 · 면 · 동마다 1매에 한하여 답례 현수막 게시 허용
○ 정당 · 방송시설 · 신문사 외의 자가 선거일전 180일부터 선거일의 투표마감시각까지 후보자의 지지도 · 당선인을 예상하는 여론조사(공표 · 보도 목적 아닌 경우포함) 실시 2일전까지 선거구위원회에 서면신고, 신고하지 않고 하거나 다른내용 여론 조사시 과태료 부과
○ 야간(오후 10시부터 다음 날 오전 7시까지) 전화를 이용한 여론조사 금지, 야간여론 조사시 형벌 부과
○ 선거방송(기사)심의위원회를 예비후보자등록신청개시일 전일부터 선거일 후 30일까지 설치 · 운영, 재 · 보궐선거시에는 선거일전 60일부터 선거일 후 30일까지 설치 · 운영
○ 선거방송(기사)심의위원회를 중앙위원회가 추천하는 1인을 포함하여 구성
○ 모든 선거에서 향우회 · 종친회 · 동창회의 모임은 선거에 영향을 미치는 모임에 한하여 선거기간 중 개최 금지
○ 해당 선거구에서 후보자를 추천하지 아니한 정당이 무소속후보자를 지지 · 지원하는 경우 그 사실 표방 허용

○ 예비후보자가 사망 · 당내경선 낙선으로 후보자로 등록될 수 없는 경우 과태료 · 대집행비용을 공제하고 선거일 후 30일까지 반환, 사퇴 · 등록무효 · 후보자로 등록하지 아니한 경우에는 선거일 후 30일까지 국가 또는 지방자치단체에 귀속
○ 비례대표선거의 후보자가 당선인 결정전까지 사퇴 · 등록무효된 경우 해당 후보자의 기탁금 미반환, 기탁금이 전액 국가 등에 귀속되는 후보자에게는 대집행비용 및 과태료를 기탁금에서 공제하지 아니하고 별도로 부과 납부
○ 한국국제협력단 · 한국국제교류재단 · 재외동포재단의 임 · 직원 및 그 단체의 대표자는 재외선거인 대상 선거운동 금지
○ 정당의 사무소를 방문하는 자에게 제공하는 다과류의 음식물 비용과 국회의원이 관할구역을 방문하는 때에 함께 다니는 자에게 제공하는 식사류의 음식물 비용은 선거비용으로 보지 않음
○ 선거사무장 등이 해당 후보자와 관련하여 선거운동을 위하여 지출한 비용과 기부행위제한규정을 위반하여 지출한 비용을 선거비용에 포함하는 등 선거비용 범위의 명확화
○ 선거구획정위원회의 보고서 제출기한을 '선거일 전 6월까지' 로 조정
○ 비례대표 국회의원 · 지방의회의원이 각각 지역구국회의원 · 지방의회의원 보궐선거등에 입후보하고자 하는 경우 후보자등록신청 전까지 사직
○ 후보자의 선거사무장 등이 당선무효사유에 해당하는 선거범죄로 징역형 또는 300만원 이상의 벌금형의 선고를 받은 경우 낙선한 후보자(후보자가 되고자 하는 자 포함)도 당해 보궐선거등의 후보자가 될 수 없음
○ 국 · 공립대학교 전임강사 이상의 교원 등 당원이 될 수 있는 공무원도 선거범죄로 인한 공무담임제한대상직에 포함
○ 부재자신고인이 부재자투표를 하지 아니한 경우에는 일반투표소에 가서 구 · 시 · 군선거관리위원회가 송부한 투표용지와 회송용 봉투를 반납하고 투표 가능
○ 종교시설 안에는 투표소를 설치할 수 없음. 종교시설의 경우 투표소를 설치할 적합한 장소가 없는 경우에는 설치 가능
○ 부재자신고인을 30인 이상 수용하고 있는 장애인복지시설 등에는 의무적으로, 30인 미만 수용하고 있는 장애인복지시설 등에는 정당 · 후보자의 요청이 있는 경우에 한정하여 거소투표자를 위한 기표소 설치
○ 투표참관인은 현행 12명에서 8명으로 하향 조정, 선정신고한 인원수가 8명

이 넘는 경우 읍 · 면 · 동위원회가 추첨

○ 각급 선거관리위원회는 정책선거 촉진 활동을 하는 법인이나 단체에 해당 업무를 원활하게 수행할 수 있도록 필요한 재정적 · 행정적 지원을 할 수 있는 근거규정 신설

○ 상시 운영하는 선거부정감시단의 수를 10인 이하로 함

○ 지방선거에 있어 당선소송의 피고 조정

○ 선거재해보상금 수급권자가 고의 또는 중대한 과실로 인하여 질병 · 부상 또는 사망한 경우 해당 보상금의 전부 또는 일부를 미지급

○ 「공직선거법」상의 과태료에 대하여는 「질서위반행위규제법」상의 일부 규정의 적용을 배제하는 등 특례규정을 마련

○ 선전시설물 등이 적용되는 법 제254조제2항과 그 외 사전선거운동시 적용되는 같은 법 제3항을 하나의 규정으로 통합

○ 지방의회 의원정수의 1/4 이상 궐원시 보궐선거등에 관한 특례 명확화

○ 교섭단체를 구성한 정당(선방위는 교섭단체를 구성한 정당과 공영방송사)의 수가 증가되어 선거보도심의기구 등의 위원 정원을 초과하는 경우 현원을 정원으로 보도록 함

○ 공무원 등은 선거운동뿐만 아니라 당내경선운동도 할 수 없도록 제60조와 제85조 규정 보완

○ 재산상의 이익을 얻을 목적에 따른 금품 등 제공행위 외에도 선거브로커의 금품 수수, 그에게 금품을 주는 행위 등을 처벌할 수 있도록 보완

■ 정당법

○ 정당간부의 불일치 범위 조정

■ 정치자금법

○ 후원회의 회계보고시기와 정치자금영수증 발행기한 또는 사용실태보고시기 일치

○ 연간 1만 원 이하 후원금 기부 시에 당비 또는 정치자금영수증을 발행하되 교부하지 않고 자체보관 가능

○ 국고보조금 양도 · 압류 또는 담보제공 금지 명문화

○ 후원회 안내장에 후원회 지정권자의 선전 지지 내용 게재 가능

○ 기초단체장 후보자도, 광역단체장 후보자에 준해서, 선거기간 중에 한하여, 선거비용제한액의 50%의 범위 내에서 후원 모금 가능

부록2 〈제5회 전국동시지방선거 주요일정〉

시행일정	요일	실시사항	기준일	기준일
2010.1.15까지	금	인구수 등의 통보	인구의 기준일(예비후보자등록신청개시일이 속하는 달의 전전달 말일)후 15일까지	규§2①,§118
1.23까지	토	선거비용제한액 공고	예비후보자등록개시일 전 10일까지	규§51①②
2.2부터	화	예비후보자 등록 (서울시장 · 교육감선거)	선거일 전 120일까지	법§61의2, 규§27의2
2.19부터	금	예비후보자 등록 (구청장,지방의원,교육의원 선거)-郡지역 제외	선거기간개시일 전 90일부터	법§60의2①
3.4까지	목	향토예비군 소대장이상의 간부, 주민자치위원회위원, 통 · 리 · 반의 장이 선거사무관계자 등(활동보조인 포함)이 되고자 하는 때 그 직의 사직 입후보제안을 받는 사람의 사직(바르게살기. 새마을운동, 자유총연맹 구단위이상의 대표자 포함)	선거일 전 90일까지	법§60②
3.4부터 6.2까지	목 수	의정활동 보고 금지	선거일 전 90일부터 선거일까지	법§111
5.8부터	토	무소속후보자의 선거권자 추천장 교부	후보자등록신청 개시일 전 5일부터	법§48, 규§19
5.13부터 5.14까지	목 금	후보자등록 신청 (매일 오전 9시 ~ 오후 5시까지)	선거일 전 20일부터 2일간	법§49, 규§20
5.14부터 5.18까지	금 화	선거인명부작성 부재자신고 및 부재자신고인명부작성	선거일 전 19일부터 5일간	
5.20까지	목	선거인명부(부재자 포함)사본이나 전산자료 사본교부신청	선거기간 개시일까지	법§216②
5.21까지	금	선전벽보 및 부재자용 선거공보 제출	후보자등록마감일 후 7일까지	법§64②,§65⑤, 규§29④
5.23까지	일	투표소의 명칭과 소재지 공고	선거일 전 10일까지	법§147,규§109
5.23까지	일	선전벽보 첩부선전벽보 제출	선전벽보 제출마감일 후 2일까지	법§64②,규§29②⑤
5.24까지	월	부재자 투표용지(안내문 및 선거공보 동봉)발송	선거일전 9일까지	법§65⑤,규§77
		매세대용 선거공보 제출	후보자등록마감일후 10일까지	법§65⑤
5.26에	수	선거인명부 확정	선거일 전 7일에	법§44
5.27부터 5.28까지	목 금	부재자투표소 투표	선거일전 6일부터 2일간	법§148①,§155②
5.28까지	금	투표안내문(선거공보 동봉) 발송	선거인명부확정일 후 2일까지	법§65⑤, 153①②규§76
		개표소 공고	선거일전 5일까지	법§173
6.2	수	투 표 (오전 6시 ~ 오후 6시까지)	선 거 일	법 10장
		개 표 (투표종료후 즉시)		법 11장
6.12까지	토	선거비용 보전청구	선거일 후 10일까지	법§122의2③,규§51의3①
7.2까지	금	기탁금 반환 및 공제면세서 송부	선거일 후 30일이내	법§57①,규§25①
		정치자금 회계보고서 등 제출	선거일 후 30일까지	정금법§40①
8.1까지	일	선거비용 보전	선거일 후 10일까지	법§122의2①,규§51의3②

최고의 정치컨설턴트가 말하는

선거전략의 법칙

2010년 1월 10일 인쇄
2010년 1월 15일 발행

|저　　자| 이 재 술

|편집기획| 박 길 숙
|감　　수| 최 요 한, 황 근 환
|디 자 인| 김 경 수
|발 행 처| 도서출판 서우 ☎ (02)383-1696
|발 행 인| 이 석 환
|출판등록| 제8-159호

|펴낸곳| 인뱅크코리아(주)
서울시 영등포구 여의도동 14-27 대산빌딩 603호
전화(02)581-2264

정가 15,000원